富川悠太 Yuta Tomikawa

報道、トヨタで学んだ伝えるために大切なこと

PHP

はじめに

伝える力がある人は、望む結果を得ることができる

もっと伝える力があったらいいのに。

そう思ったことはありませんか？

伝えるべき情報や、自分の考え、気持ち。

誤解されることなく、意図した通りに正しく伝わってほしいですよね。

仕事でもプライベートでも、私たちは日々、何かしら「伝える」ことをしていると思います。部下に仕事の指示を伝えるのもそうですし、お客様に商品のことを伝えるのもそうです。家族や友だちに、情報や自分の考えを伝えたりすることは多いでしょう。SNSを使って、不特定多数の人に自分の考えを伝えている人もいると思います。

しかしながら、たくさんの人が伝えることにストレスを感じていることも確かで

す。

そして、そのストレスの多くは「伝わっていない」ということからきていると思います。

言ったはずなのに、指示通りに動いてくれなかった。

こんなによい商品なのに、わかってもらえない。

よい情報を教えたのに、すぐに忘れられてしまったようだ。

自分の考えをＳＮＳに投稿したら、誤解されてアンチコメントがついた。


一つひとつは小さなストレスだったとしても、いつのまにか怒りや自信喪失になっていても不思議ではありません。

一方、伝える力のある人は、自分の望む結果を出しやすいと言えます。まず、相手に理解してもらいたいという願いは叶《かな》います。よい情報を伝えることができれば喜ばれますし、自分の考えを伝えることができれば、共感してくれる人、応援してくれる人も増えます。自分のために動いてくれる人が増えて、夢や目標も叶いやすくなるでしょう。

この本は、「もっと伝える力を身につけたい」と思う人のために書きました。
実はかつての私が、そう真剣に思う一人だったのです。

人見知りで、伝える力のない自分がキャスターに

アナウンサー、キャスターになって約25年間、私は「伝える」仕事を使命としてやってきました。

とくに私の仕事観や人生観に大きく影響したのは、ニュースの現場を歩いて取材し、現場の様子を伝えるというフィールドリポートです。

テレビ朝日の報道番組『報道ステーション』のフィールドリポーターとして12年ほど、各地を飛び回って取材しました。古舘《ふるたち》伊知郎《いちろう》さんの後任としてメインキャスターとなって以降も、大切にしていたのは「現場を伝える」「リアルを伝える」感覚です。

いまでこそ、フィールドリポートというジャンルも確立していますが、当時は試行錯誤の連続でした。

私はもともと伝えることが上手なタイプではありません。子どもの頃からスポーツばかりやっていて、たいして勉強もしてきませんでした。語彙《ごい》力が高いわけでもなく、作文は苦手です。しかも人見知りなので、初対面の人と話すのは緊張してしまいます。アナウンサー試験を受ける前、テレビ局の「青田買い」と言われるアナウンスセミナーに行ってみたら「きみがアナウンサーになれるわけがない」と講師の方からボロクソに言われる始末です。

そんな私がなぜテレビ局を目指していたのかというと、大好きなスポーツを間近で見て、選手たちにインタビューができるスポーツキャスターになりたいと思っていたからです。入社面接では「報道だけはやりたくありません」と言っていました。自分には務まらないと思っていたのです。

ところが、テレビ朝日に入社して数年で、私に与えられた仕事はフィールドリポーター。ザ・報道の仕事です。体力だけはあったので、全国を飛び回って取材するのに向いていると思われたのかもしれません。

「報道だけはやりたくないと言ったのに……」と最初は思いました。でも、思い通りにいかないからこそ人生は面白いものと、いま振り返れば実感します。運命の波に飲み込まれたような気分でしたが、何とか波に乗ってみようと試行錯誤を始めたのです。

そんな調子ですから、最初からうまくいくわけもありませんでした。とにかくコツコツと、よいと思う方法を試していくしかありません。愚直に当たり前のことを繰り返し、泥臭くやってきました。そうやって悩みながら続けていると、いつのまにか自分なりの解決策を見つけられるようになっていきました。

なぜトヨタなのか

長くお世話になったテレビ朝日は2022年3月に退社し、現在はトヨタ自動車の専属ジャーナリストをしています。具体的には、トヨタのオウンドメディアである、「トヨタイムズニュース」の企画・プロデュースをし、キャスターを担当させてもらっています。

トヨタでやっていることも、本質的にはテレビ局でのキャスター時代と変わりません。これまで学んできたことを総動員して、「リアルを伝える」ことを目指していますす。ただ、この本をお読みの方の中には「なぜトヨタ?」と疑問をもたれる方もいるかもしれません。

大きな理由の一つは、トヨタ自動車会長の豊田章男《あきお》さん（以下、親しみを込めて「章男さん」と呼ばせていただきます）の「伝える姿勢」に強く共感したからです。

章男さんは、世界的企業のトップでありながら、ものすごく現場を大事にしている方です。クルマづくりの現場を自ら歩き、気さくに声をかけ、話を聞きます。一人でふらりと工場に行き、社員証を持っていなかったので守衛さんに止められたなんていうエピソードもあります。このとき章男さんは、守衛さんを褒めたそうです。「ちゃんと止めてえらい、正しい」と。

さらには、一人のクルマ好きとして「モリゾウ」を名乗り、ラリーやレースに出場することもある開発ドライバーの顔ももっています。いかに現場を大切にしているかがわかるというものです。

章男さんは大企業の経営者として、あるいは日本のリーダーの一人として、人々にメッセージを伝える機会は多く、章男さんのプレゼンテーション力の高さはよく知られています。

それでも、章男さんには「もっとリアルを伝えたい」という思いがありました。記者会見等で丁寧にメッセージを伝え、丁寧に質問に答えても、一部が切り取られて伝言ゲームのように広まるうちに、意図とはまったく違うものになっていることはよくあります。結果的に伝わらないモヤモヤを抱えていたのです。

「トヨタイムズ」は、トヨタのリアルを伝えるために、章男さんが考えてつくったメディアです。PRのためにかっこよく撮って配信するのではなく、ありのままの現場を、進行しているプロジェクトや将来の構想を、皆さんに見ていただくことが趣旨です。世界中のトヨタ自動車の従業員数（連結子会社を含む）は約38万人いるので、関係者に包み隠さず伝えて、知ってもらおうという意図もあります。

私がトヨタ専属ジャーナリストになる際、章男さんは「これまで通り、リアルを伝える姿勢でやってほしい」と言ってくれました。報道でやっていたように、ストレートに疑問をぶつけ、現場を取材して伝えるやり方で関わってほしいということだったのです。私は章男さんの言葉に感激し、再び「伝える」使命を感じることができました。

いま、トヨタでも、私は伝え方について学び、試行錯誤する日々です。

ですから本書では、テレビ朝日のキャスター時代に学んだことやエピソードのみならず、トヨタでの学びも紹介しています。
本書が、読者の方の「伝える力」の向上に少しでもお役に立てれば、こんなに嬉しいことはありません。

2024年7月

富川悠太

報道、トヨタで学んだ
伝えるために大切なこと

もくじ

第1章 相手の視点に立った聞き方・話し方

第2章

すべては調べて、知ることから

第3章

自分の言葉で伝える

第4章 自分事として感じてもらうために

第5章

伝える技術を磨く

第1章

相手の視点に立った聞き方・話し方

伝わる話し方と、聞き取りやすい話し方は違う

伝わる話し方とは、どのようなものでしょうか。

この章では、まず「**自分の視点から離れて見る**」ことについて考えていきましょう。もっと簡単に言えば「**相手の視点に立つ**」ということです。さらに「**第三者的視点で自分を見る**」ことで本当に伝わりやすい表現ができているかどうかがわかるようになります。

よくある勘違いの一つは、ハキハキと流ちょうに話せば伝わりやすいというものです。

確かに、ボソボソと小さな声で、つっかえつっかえ喋《しゃべ》るようでは、「何が言いたいのかわからないよ」と言われるかもしれません。しかし、聞き取りやすければ伝わるというものではありません。「**聞き取りやすい**」と「**伝わりやすい**」**は違う**のです。

そういう意味では、ボソボソと小さな声で話したほうが伝わる場合だってあります。

たとえば、人通りのない夜道で事件があったことを伝えるとします。

「こちらが現場です。ご覧のようにあたりはひっそりとしており、いま、誰もいない状況です」

これをハキハキと流ちょうに喋ったらどうでしょうか。いくら聞き取りやすくても、現場の雰囲気が伝わらないと思いませんか。それよりも、低いヒソヒソ声で話したほうが、聞き手は話に入り込むことができ、結果的に伝わります。私はこれを**「現場と一体化する」**と呼んでいます。

一般的に、アナウンサーは聞き取りやすい話し方をすることが求められます。滑舌よく、なめらかに話す。適度なスピードで、適度にメリハリをつける。聞き取りやすい話し方には技術があり、私もその練習を積みました。きれいな発音で、上手に原稿を読み上げる練習を山ほどやってきました。

もちろん聞き取りやすい話し方をすることにも一定の意味があります。でも、聞き取りやすくしようと自分の話し方に意識を向けすぎると、伝わらなくなるというジレンマがありました。その場はスムーズに話が進んでも、聞き手の印象に残らなかったり、あとから思い出しにくかったりしたのです。

「あの話、どうでしたか？」と聞けば「わかりやすかったよ」と答えてくれますが、「どういうところが印象に残りましたか？」と聞くと「うーん……。何だっけ」という反応です。

聞き手が「自分とは関係のない話」として聞いていて、臨場感をもてないために言葉が素通りしていっているのでしょう。

こうしたことはアナウンサーの仕事だけではなく、あらゆる仕事の中で、あるいはプライベートでも起きていると思います。

たとえば、商品開発にあたって見込み客にインタビューをし、その結果をまとめて報告するとします。開発中の商品をいくつか見せながら、感想を聞くインタビューの段階では、インタビュー相手の視点になります。担当者が未婚の男性の場合、子どものいる主婦の視点になるのは難しいかもしれませんが、その人がどんな生活をしているのか、困り事は何かなど丁寧に聞いていく中で、近い視点になれるはずです。**「現場と一体化」すれば「これはぜひ伝えなければ」と思うものが出てくる**でしょう。

次に、商品開発会議での報告です。ここでは、会議参加者の視点をもたねばなりません。インタビュー相手の言葉をそのまま伝えればいいわけではなく、会議参加者が

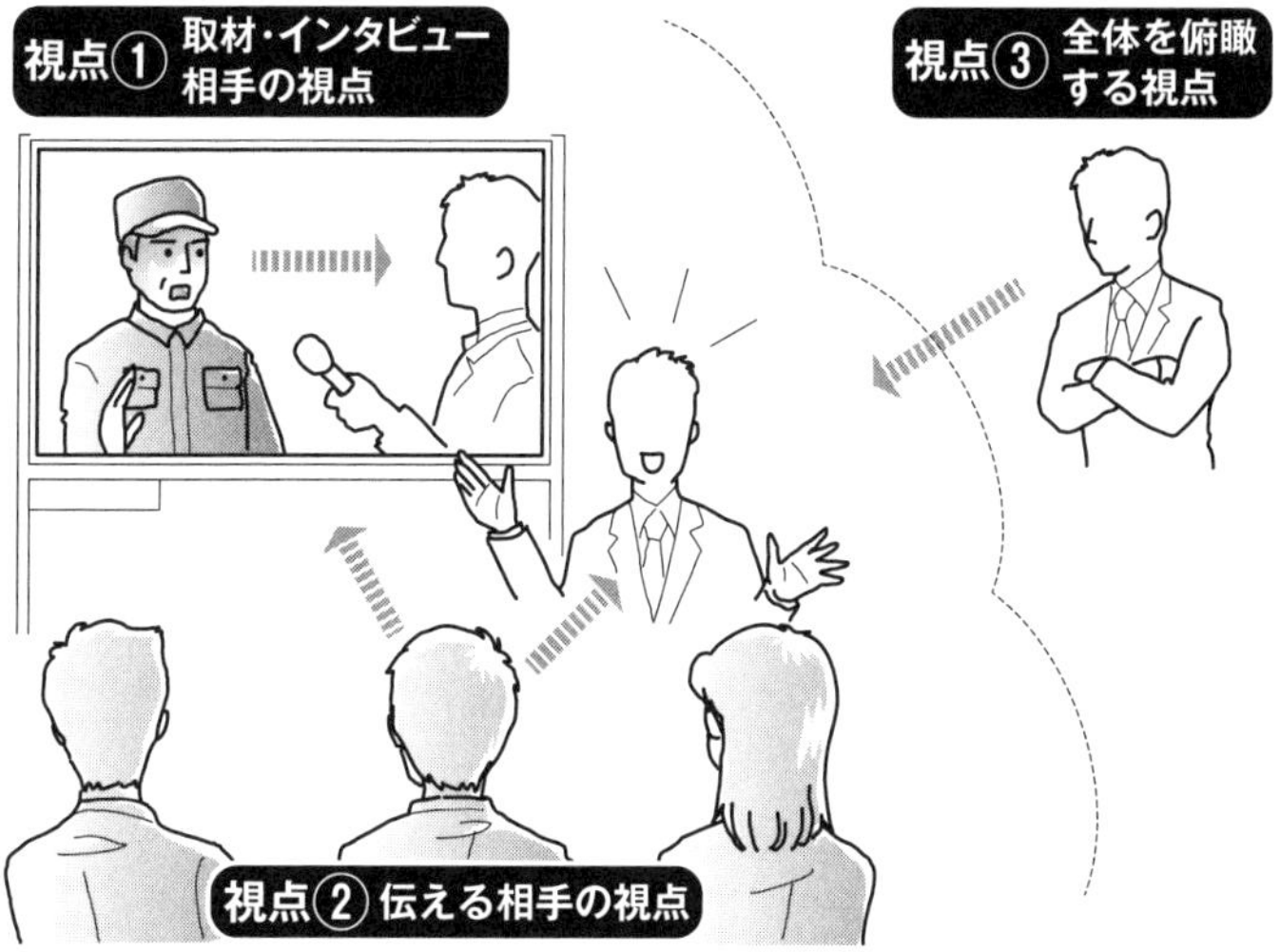

理解しやすいようにまとめる必要があります。

そして会議当日です。このときは、会議で報告をしている自分と参加者とを俯《ふ》瞰《かん》して見ているような感じです。

インタビューではせっかくいい話が聞けたのに、会議で資料を淡々と読み上げるようでは伝わりません。資料に目線を落として、ただ読み上げているとき、視点はどこにあるでしょうか？　自分の視点でしかないはずです。

参加者の顔も見るし、参加者から見た自分も見る（実際には見えませんが）、そういう視点で伝えることが重要なのです。

伝えたいと思うほど、自分の話し方に意識が向いてしまいます。確かに聞きやすいけれども印象に残らず、「伝える」という目的を果たしたとは言えない結果になるのです。

本当に伝えるためには、**話し方を意識するより、「視点」を意識する**ことが大事です。私がリポーターとして試行錯誤する中で学んできたことは、これです。「現場と一体化する」とき、私の視点は自分から離れています。

まず、現場の視点になります。その現場で起きた事件、事故、災害などの当事者に近い視点で物事を見るようにします。

それから視聴者の視点になります。視聴者が「知りたいこと」を考えて、伝え方を考えます。

実際に伝える際には、現場と自分と視聴者とを含めた全体を見る視点になります。

現場中継なら、現場で自分が喋っている様子を離れた場所から見ているような感じです。すると、ひっそりとした現場で自分がハキハキと話して浮き上がって見えるのはおかしいことがすぐにわかります。

話し手は主体ではない

話し手と聞き手がいるとき、注目されているのは話し手です。当然ですよね。みんな話し手を見て、話を聞いて、どのような内容なのかを理解しようとします。ニュース番組であれば、ニュースを伝えているアナウンサーに注目が集まります。

でも、ここでの主役はアナウンサーではありません。アナウンサーは「話し手」という役割を担っているだけです。「みんな私に注目しているのだ、私の話が聞きたいのだ」などと思ったら、勘違いも甚《はなは》だしいということになります。

主体はニュースそのものであり、「話の内容」です。話し手はその一部でしかありません。

逆に言うと、話し手自身が話の内容に入り込むことで、主体に近づきます。

たとえば自然災害のニュースで、被害の様子を伝えるとします。その際、現地で被害に遭われた方と同じ目線になるのです。本当に同じ目線になることは無理ですが、できる限り当事者の視点をもとうとすることで、「現場と一体化」します。すると、臨場感が出ます。ニュースの内容は話し手にとっての自分事となるため、力のこもった自分の言葉で話せるようになり、結果的に相手に伝わりやすくなるのです。

相手の視点に立った聞き方

話すときに「自分の視点から離れる」という話をしました。次は「聞き方」についてです。

この人に聞かれると、ついつい何でも話してしまうという人が身近にいませんか？　その聞き上手の人のコツは「話すときと同じく、自分の視点から離れて、相手の視点に立つ」ということです。

取材、インタビューなど、質問をして相手から情報を得たいとき、相手の視点に立つことができるとうまくいきます。いま、相手が聞いてほしいと思っていることは何だろう、言いたいと思っていることは何だろうと考えてみるのです。

うまくいかない取材やインタビューの例は、「自分の聞きたいことだけ聞く」というものです。いきなり質問をして、答えだけ聞けたら終了するなんて自分勝手もいいところ。それどころか、自分の聞きたい答えではなかったといって機嫌の悪くなる人は、いつまで経ってもよい情報を得られるようにはならないでしょう。

……なんてえらそうに言いましたが、私も以前は数多くの失敗をしていたのです。

テレビ局に入社してからしばらく、苦痛で仕方なかったのは「街録（街頭録音）」です。「街録」とは、街で道行く人に声をかけ、インタビューしたものをVTRにすることです。あるニュースに対する反応や、「夏休みはどこに行きますか？」「マイブームは何ですか？」などリアルな声を拾っていく、あれです。ニュース番組、情報番組の定番ですから、きっと見たことがありますよね。街で声をかけられたことのある人もいるでしょう。

先に触れましたが、私は昔から人見知りで、初対面の人に気軽に話しかけるようなことができません。毎回、緊張してしまうのです。

「すみません、『スーパーJチャンネル』という番組ですが、ちょっとお話いいですか？」

こう声をかけるのですが、ものすごく勇気が要ります。いやな顔をされたり断られたりしてシュンとすることがしょっちゅうでした。でも、これが仕事です。やらなければなりません。何とか自分を鼓舞して、必死に声をかけ続け、ようやく撮れた頃にはグッタリという日々でした。

この頃、私の意識の中心は「どうやって質問に答えてもらおう」というところにありました。インタビューに対する返答が欲しかったのです。

つまり、自分主体だったわけです。道行く人がせっかく立ち止まってくれても、すぐに収録に必要な質問をしていました。だからうまくいかなかったし、苦手意識から抜けられませんでした。

しかし、あるときから「街録」が楽しみで仕方なくなりました。それは、相手の人が「どんな人なのか知りたい」という意識に変わったからです。いきなり聞きたいことを聞くのではなく、「お子さんかわいいですね。何歳ですか？」「お買い物帰りですか？　重そうですが、どんなものを買われたんですか？」などと**その人に関する雑談から始めるようにした**のです。すると、たいていの方はにこやかに答えてくれます。

自分自身に興味をもって話を聞いてくれる人のことは、嫌いになれないんですね。

「これこれのニュースについてどう思うか聞いているんですけど……」と本題に入ると、「ごめんなさい。よくわからないので答えられないです」と断られることはもちろんありますが、落ち込むことはなくなりました。むしろ、いろいろな人の考えが聞けて、勉強になる仕事だなぁと思うようになったのです。最初の「すみませ〜ん」の声も明るく元気になって、立ち止まってもらいやすくなりました。

「相手の視点に立ちたい」という意識をもてば、人見知りも乗り越えられるのだとわかりました。そのうえ、相手が積極的に話をしてくれるのですからいいことずくめです。

斜めに入っていく、関係性の結び方

最初から打ち解けて話ができる人はうらやましいのですが、人見知りだからこそできたように思うこともあります。

『報道ステーション』のリポーターをすることになり、報道の「ほ」の字も知らない私は、まさに右往左往していました。もともと、スポーツキャスターがやりたくてテレビ朝日に入社し、入社面接では「報道だけはやりたくありません」と言っていた私です。どういう運命のいたずらなのか、人気報道番組のリポーターになってしまい、自分のできなさ加減に泣きたくなりながらやっていました。

リポーターですから、事件や事故の現場に行って取材をします。悲惨な現場に行って、そこの人たちに話を聞かなくてはならないことが多くあります。もちろんメディアとして現場の様子を伝えることは重要なのですが、取材者は「外からやってきた人」です。土足で上がり込むような気がして、インタビューをするのは気が重かったのです。頑張って取材をしても、私の取材映像は番組で使われないこともよくありました。

それが変わったのが、2004年の新潟県中越地震のときです。被害をリポートするため現地に行ったとき、私は目の前に広がる惨状に「取材どころではない」と思いました。建物は倒壊し、土砂崩れも起きて、家に帰れない人がたくさんいます。困っている人たちに「話を聞かせてください」なんてとても言えません。とにかく、お手伝いをすることが先です。私は瓦礫《がれき》を片づけるのを手伝いました。

すると、そこで一緒に作業をしている現地の方が、自然といろいろ話してくれたのです。私は手伝いながら話を聞き、「あれ、取材ってこういうこと?」と思いました。それまで質問して答えてもらおうとしていたときより、はるかにリアルな話を聞くことができたのです。**相手の立場に立って、一緒に作業をしているうちに自然に出てくるものを拾う**という取材の仕方があったのだと、そのとき気づきました。

この方法は、人見知りの私にぴったりでした。現場に行ったら、話を聞こうとするのではなくて、まず自分が役に立てることを探します。役に立とうとしている人のことを無下にする人はいません。そのうち相手が心を開いてくれて、自然と話してくれるようになるのです。

また、瓦礫を片づける、一緒に探し物をするなど、取材相手と同じ行動をとることによって、相手の目線に近づくことができます。私自身の相手への理解も深まります。

この私の取材の仕方は、『報道ステーション』でメインキャスターをしていた古舘伊知郎さんに「直角に行くのではなく、斜めに入っていくのがトミーのいいところだ」と言ってもらえました。

相手にまっすぐ向かっていくより、斜めの方向からやってきて、相手と並ばせてもらいながら話を聞くスタイルという感じでしょうか。私はこのスタイルで取材を続け、いつのまにか「富川さんの取材なら答えてもいい」という方が増えていったように思います。

「上がり込みの達人」と言われるまでに

斜めに入っていく取材の仕方をするようになって、じきに私は一緒に取材をしている撮影スタッフから「上がり込みの達人」と呼ばれるようになりました。いつのまにか取材相手の人の家に上がり込んで話を聞いているからです。私は家に上がろうとしているわけではないのですが、「ちょっと上がっていきなさい」と言われると、それはそれで断りにくい状況がありました。最初は正直、ズケズケとお邪魔していいのだろうか、という抵抗感がありましたが、結局、一緒にお茶を飲みながら話すようなことが多くなっていったのです。

2014年、高知県で台風による土砂災害があったとき、私は現地に行ってカメラクルーとそれぞれ手分けして取材ができそうな場所を探していました。今日中に避難しなければ危ない状況で「避難指示」が出ていたのですが、まだ避難をせず山の中腹の家に残っているおばあちゃんを見つけ、取材をさせてもらうことになりました。私は一緒にいたディレクターに、カメラマンをここへ連れてきてもらえるよう言いました。ディレクターがカメラマンを探して戻ってくると、「富川がいない！」と大騒ぎになったそうです。そのとき、私はそのおばあちゃんの家の中にいたのでした。

おばあちゃんはスキコさんといいます。スキコさんは、家のすぐ横にご主人のお墓があるから、「置いていけない」と言います。遠方に住むご家族が、電話をかけてきて「早く避難して！　そこにいたら危ないんだよ」と言っても、「私はここを動きたくない」。私はスキコさんの想いに胸を打たれました。亡くなったご主人への気持ちを、無視することはできません。でも、大事なのはスキコさん自身の命です。私はご家族とも電話で話し、スキコさんの気持ちもできるだけくみ取りながら、一生懸命避難をお願いしました。

「そう言ってくれるのはありがたいんだけど……。まぁ、この漬物でも食べなさい」。スキコさんの家で一緒に漬物を食べる私。「トマトも食べるか」「はい、いただきます。うわ、甘いですね！」。

スキコさんの家にお邪魔し、話を聞きながらトマトをいただいているところ

そうこうするうちに、スキコさんは家族が自分のために説得に来てくれたような気持ちになったようです。カメラクルーが到着して取材をさせてもらったあと、避難する約束をしてくれました。

翌日、心配で避難所に行ってみると……、いました！　私はスキコさんと抱き合って喜んでしまいました。その後も、何かあるたびに連絡を取り合う仲になりました。

「何か私にできることはないですか？　役に立てないですか？」というスタンスでいると、「とりあえず、家に上がっていきなさい」ということになるのです。

心に少しだけお邪魔をすれば、「ここだけの話」をしてくれる

リポーターや記者でなければ、なかなか他人の家に上がり込んで話を聞くことはないかもしれません。でも、「相手の心に上がり込む」ことならできるのではないでしょうか。「相手の心に上がり込む」なんて失礼ではないか、と思う人もいるでしょう。

相手の目線になることを意識して、役に立てることを探しているうちに、相手は心の扉を開いてくれるのです。そのときに、少しだけお邪魔するという気持ちでもいいと思います。

これができれば、相手は「ここだけの話」をしてくれます。**「どうせ理解してもらえないから、一般的なことを言っておこう」ではなくて、「あなたにならわかってもらえそうだから、話します」**という気持ちになってくれます。

2014年、強盗殺人などの容疑で死刑判決を受けていた元プロボクサーの袴田《はかまた》巌《いわお》さんが釈放されるというニュースがありました。1966年に静岡県清水市（現・

静岡市清水区）にある味噌製造会社の専務の家が放火で全焼し、一家4人が亡くなった事件で袴田さんは逮捕され、裁判が続いていたのです（通称・袴田事件）。袴田さんは無実を主張し続け、逮捕から48年の時を経て、釈放されるに至りました。

いったいどんな気持ちでしょうか。捜査機関が証拠をねつ造した可能性が疑われるなか、死刑の恐怖もありながら裁判で戦い続けて50年近くも経っているのです。いくら想像しようとしても、同じ立場に立つことはできません。でも、いまの袴田さんにできるだけ寄り添って「役に立てることはないだろうか」と考えることはできます。

袴田さんを信じてずっと支えてきたお姉さんの秀子さんが、静岡から東京拘置所に接見に行く日、秀子さんが東京へ行く新幹線の中で、私はインタビューさせていただきました。ちょうどお昼の時間だったのでお弁当を買って、食べてもらってからインタビューに答えていただけるよう準備しました。そして、東京駅に着いてからの予定を聞きました。役に立てることはないか知りたかったからです。秀子さんは、東京駅から東京拘置所までどうやって行くかまだわからないと言います。私は車を手配しました。袴田さんに接見後、議員会館へ行って陳情する予定もあるそうなので、「一日貸し切りで私たちの車を使ってくださいね」と伝えました。

秀子さんが東京拘置所の袴田さんに接見している間、私は駐車場の車の中で待っていました。車を使ってもらうために待っていたのです。私は会社の車を用意してもらうよう頼み、その車が到着するまで待っているという状態でした。

突然、袴田さんの弁護士さんから電話がありました。

「富川さん、いますぐ車を拘置所につけられますか？　実は、たったいま仮出所できることになりました。袴田さんと秀子さんが一緒にホテルまで移動したいのですが」

驚きました。予想していなかった展開です。

「まだ代車が到着していないんです。私とカメラマンの二人が乗っているいまの車でもかまいませんか？」

そして、私が乗っている車に、約50年ぶりに釈放された袴田さんが乗って一緒に移動することになったのです。塀の外に出た袴田さんが、車に乗り込み移動する様子はあらゆる局で報道されましたが、その車には私が乗っていたというわけです。周りからフラッシュが焚《た》かれる中、私は映らないように後部座席に体をかがめて隠れていました。

袴田さんと秀子さんの宿泊先を探して押さえ、お連れしたのですが、途中、袴田さんが車酔いをしてしまったり、トイレに行きたくなったりしたとき、私がエスコートするかたちになりました。「内側から戸を閉めて鍵をかけてください。私は外で待っていますからね」「ここに手をかざすと、水が流れるんですよ」などと言いながらついていました（拘置所のトイレには扉がついていないので、扉を閉めて用を足すという感覚がなかったのだと思われます）。

私たちの車は、記者たちに追いかけられていました。ヘリもバイクも追いかけてくる中、袴田さんが少しでもほっとできるように、私にできることを探してやるのみです。私は報道する側の人間ですが、袴田さんの気持ちを考えたら、いまは少しそっとしてあげてほしいと思ってしまいます。

「ケーキが食べたい」という袴田さんに、ケーキも用意しました。もう遅い時間で、あちこち電話しても見つからなかったため、「いまはコンビニのケーキっておいしいんですよ」と言って、コンビニで買いました。ホテルに伝えると、ホテルでもケーキを用意してくれたので、その日のホテルのテーブルは華やかになりました。

テレビ朝日に「袴田さんをホテルにお連れしました」と報告すると、「ホテルでの様子を撮れないか」と言われました。「仮出所後、初めて布団で寝るところを撮ってほしい」と。私は、さすがにそれは……と思いつつも、袴田さんと秀子さんに聞いてみました。すると、「富川さんだけならいいですよ」。私だけが部屋に入り、デジカメで撮影することを許してくれました。

私はスクープを狙っていたわけではないのですが、結果的に独占取材、スクープとなったのです。これも、相手の目線になって、そのとき役に立てることを探しているうちに、相手の心に上がり込むことができた例だと思います。

相手の目線になるには

相手の目線になるというのは、言うのは簡単ですが、実際にやるのは難しいものです。ただ、私がそうだったように、「相手の目線になろう」「相手の立場に立とう」という意識をもつだけで変化します。実際にできているかどうかは置いておいて、まずはその意識が大事です。

たとえば、登校中の児童たちが車との接触事故で怪我をした情報が飛び込んできたとします。現場に行き、実際にその通学路を歩き、手を広げてその道の狭さを伝えながら歩きます。その地域に住む人たちの生活の中に入り込んで、感じて伝えることが大切です。そうすると行政の取り組みの問題点も出てきて、ガードレールが設置されることもあるわけです。

自分と相手の立場が大きく違っていて、相手の目線になるのがとくに難しい場合はどうしたらいいでしょうか。その場合は、相手の立場を想像するためにできることを探します。相手と同じ行動をとる、相手と同じ環境に身を置くなど、話を聞く以外にもできることがないか探してみてください。

たとえば、男性が妊婦さんの目線になるのは難しいですよね。そこで、よく両親学級などで、これからお父さんになる男性がお腹周りに7kgほどの重りをつけて妊婦体験をします。もちろん、この体験だけで妊婦さんの目線になれるわけではないですが、体験前と比べれば大きく違うはずです。

そのほか、本を読むのもいいと思います。相手の方が本を書かれていればもちろんそれを読みます。そうでなくても、立場の似た人の本を探して読めば、相手の目線になりやすくなります。

相手の目線になるには

- □相手の目線になろう、相手の立場に立とうという意識をもつ
- □自分の聞きたいことを聞くのではなく、まずは相手の話をよく聞く
- □相手と同じ行動をとる、同じ環境に身を置くなど、相手の立場を想像するためにできることをする
- □相手と似た立場の人の本を読む

一般的な感覚をもち続ける

相手の目線になることができれば、よい情報を得ることができ、それを自分に落とし込むことができるので言葉に力がこもります。

「ぜひこれを伝えたい」という思いも強くなります。

そこで注意しなければならないのは、これから伝えようとする相手との間にギャッ

プがあるということです。聞き手が自分と同じように「ぜひ知りたい」と思っているわけではないかもしれませんし、そもそも前提知識をもっていないかもしれません。

人は、自分に知識があるほど、相手も知っていると思ったり、相手も知りたいと思っていると勘違いしてしまうもの。だから、常にフラットな感覚に戻すことが重要です。

テレビは大衆に向けたメディアですから、世間の一般的な感覚を忘れてはいけません。人々がいまどのくらい知っているのか、何をどう知りたいと思っているのか。その感覚をもつには、なるべく一般的な人と同じ行動をとることです。テレビの情報バラエティ番組を見る、SNSをチェックする、電車に乗って移動する、本屋さんに寄って新刊の棚を見る、スタバやドトールでコーヒーを飲む……。ごく普通の生活をする中で目にするもの、耳にするものが、「一般的な人々の目線」を教えてくれます。

当たり前ですが、自分も大衆の一人です。「自分なら、これが知りたい」「こうやって教えてもらえばわかりやすい」というのも、感覚としてもっているはずです。本来は難しいことではありません。ただ、徹底的に取材をするなどして詳しくなったことについては、世間の感覚を忘れてしまいがちなのです。伝える際には、意識して「一般的な人々の目線」に戻すことが大事です。

伝えたい気持ちが先走って、失敗も

フィールドリポーター時代、私は現場を伝えることを使命として、事件・事故・災害などがあるとすぐに現地に向かう生活を続けていました。「伝えることが、人を助けることにつながる」と信じて、気持ちが先走りすぎてしまうこともよくありました。取材と称して危険を顧みずに踏み込みすぎ、テレビで放送できなくなってしまったこともあります。

2015年にフランスで起きた無差別テロ(パリ同時多発テロ事件)を取材しに行ったときは、テロ犯のアジトの近くでリポートを行い、一歩間違えれば命にかかわる状況でした。

「こちらにはいま、こうやって規制線が張られています。この奥にはテロ犯が潜んでいると見られており、厳重な警戒態勢が敷かれています。私の視線の先には、世界遺産となっている教会があるんですけれども、ご覧ください。その教会の上から警察のスナイパーがこちらに向かって銃を構えています。ん？　こちらに向かって……？」

地元のテレビ局と同じように、私も車の上に乗ってリポートをしていたのですが、銃を構えた警察とテロ犯のアジトの間に私は立ってしまっていました。万が一そのときテロリストが飛び出してきていたらと思うと……、恐ろしいです。その映像はあまりにも危険に見えてしまうため、テレビで流すことはできませんでした。じゅうぶん注意しながらやっていたつもりでしたが、平和な日本のリポートとはわけが違うとおおいに反省した出来事です。

放送はできたものの、番組が批判を受けてしまったこともあります。ブラジルのスラム街であるファベーラでのリポートです。

2014年、サッカーFIFAワールドカップ開幕を控え、ブラジル政府は都市部の安全を確保するため、路上や掘っ立て小屋で暮らしていた人たちを排除するようになっていました。住む場所を追われた人たちは、スラム街の劣悪な環境の中で暮らしていたのです。華やかなニュースの裏に、このような社会問題があることを伝えなければ。そう思って、私は現地に行きました。

もっとも危険なスラム街と言われるファベーラに足を踏み入れると、マリファナの甘い香りがします。銃を持った住民が「撮るな」と言って近寄ってくるので、カメラを下げて音声だけ録《と》るなどしながら進みました。

警察官のあとについて、先週、住民たちと警察官が撃ち合いになったという場所へ。現地の様子を撮影している間、とくに危険なことはありませんでした。警戒態勢のものものしい雰囲気はありましたが、広場にテントを張って暮らす人たちの様子や、裸足《はだし》でサッカーボールを蹴っている少年たちの様子を見ることができました。ただ、防弾チョッキにヘルメットという重装備の警察官に対し、私はポロシャツ一枚だったこともあり、「富川に危険なことをさせている」と番組にいくつものクレームが寄せられたのです。

誰かにやらされていたわけではなく、すべて自ら進んでやっていたことです。視聴者を不安にさせたり、番組やテレビ局に迷惑をかけてしまったりしたことは本当に申し訳ないと思いました。

よい取材ができたように思っても、伝える相手（視聴者）から「どう見えるか」を忘れて突っ走ると、結局、目的が達せられないのです。私はこういった失敗を繰り返しながら、現場の目線と視聴者の目線のちょうどいいバランスを探るようになっていきました。

聞き手の感覚を知るには

マスメディアで伝える場合は、自分も含めた「大衆」が相手ですが、講演会などで特定の人に向けて伝える場合もあります。高校で講演をするなら、聞き手は高校生です。かつては自分も高校生でしたが、いまの高校生と同じ感覚かというと、そうとも言えません。時代が違えば、共有するものは違うでしょう。

そういう場合は、当事者に聞くのが一番です。

「いま何が話題なの？」

「どういうことを知りたいと思っているの？」

事前に話を聞くことができれば、いまの高校生の目線に近づけて伝えることができるでしょう。

ちなみに、いまの10代の子たちは「元『報道ステーション』のキャスター」と言ってもピンときません。「『報道ステーション』って何？」と返されることがよくあります。でも、「『熱盛と出てしまいました』の人」と言うと、「えっ、あの有名な!?」と驚いてくれます。

「熱盛と出てしまいました」というのは、2017年の『報道ステーション』で現金強奪事件の中継をつなごうとしたときに、まったく関係のないテロップ「熱盛」が音声とともに表示されてしまったことです。もともと「熱盛」は、プロ野球の熱いプレーを紹介する際に使用していたテロップなのですが、シリアスな空気の中、事件の話をしているときに操作ミスで出てしまったのです。キャスターをしていた私は間髪を容《い》れず「失礼いたしました。熱盛と出てしまいました」と謝罪。きわめて冷静に対処しました。それが面白がられて話題になったようです。最近もまたTikTokなどでバズっているそうで、「あれ、富川さんなんですか!?」と喜ばれてしまいました。

「あの場面があったのは、『報道ステーション』っていう報道番組でね、私はそのキャスターをしていたんだよ」

こうやって話せば、聞いてもらえます。

ミスのあった場面のほうが有名というのもおかしなものですが、いまの若い子たちに「『報道ステーション』も知らないのか」と言っても仕方ありません。「伝える」ためには、相手に合わせて話を組み立てる必要があるのです。

俯瞰する目をもつために

たくさんの情報や知識をもっていることほど、ひとりよがりになるおそれがあるので、伝える相手の目線を意識する必要があるという話をしました。

そのうえで、伝える力のある人は、俯瞰することができます。俯瞰とは、一点に集中するのではなく、全体を見渡すことですね。大勢の前で話をするのであれば、聞き手全体を見渡しつつ、話している自分のことも見ている感覚です。

フィールドリポーターとして現場から中継するときは、カメラの動きを見ながら、いま自分を含めた現場が視聴者にどのように見えているのかをイメージして話していました。私が歩いて現場に近づくのをカメラが追いかけている、「こちらをご覧ください」と言ったときに、とくに注目してほしい箇所にカメラがフォーカスする、そのときは自分はフレームから外に出て声だけが聞こえている……というのを、外から見ているかのように意識して伝えるのです。

これはスタジオでキャスターとして伝えるときも同じです。ニュースを言葉で伝え、中継とつなぎ、コメンテーターに話を聞き、パネルトークをし……という番組全体が視聴者にどう見えているかをイメージしながら話すのです。

もちろん私も最初からできたわけではありません。スタジオからどう伝えたらいいのか悩んでいたとき、古舘伊知郎さんに**「喋りながら自分を見ればいいんだよ」**と声をかけてもらい、「そうか」と思いました。現場を伝えるときにカメラワークを考えながら話していたのと同じように、自分を含めた全体を見る意識をもてばいいのです。

俯瞰できるようになるために、とてもいい方法があります。自分が話している姿を動画に撮って、自分で見るのです。何かプレゼンテーションをする予定があるなら、できるだけ本番に近いかたちで行いながら動画を撮り、見てみてください。セミナーや講演で立って話をするなら、客席の距離から立って話している姿を撮影します。撮影はスマホでじゅうぶんです。Ｚｏｏｍなどオンラインでの発表、報告なら実際にオンラインシステムを使って録画すればいいでしょう。

こうやって実際に自分で自分を見ることを繰り返すと、俯瞰できる目をもてるようになってきます。一番いいのは、プレゼン等の本番で、聞き手もいる場を撮影したものを見ることです。自分が話している様子とともに、聞き手の反応も見えますから、全体がよくわかると思います。

報道番組のメインキャスターをしていた頃、私は家に帰ってからその日の録画を必ず確認するようにしていました。忙しくてもこれは欠かせません。自分の番組以外もいくつかチェックするので、寝るのはいつも朝方5時頃でした。

自分で自分を見ると、やはりいろいろ気づくものです。説明するときの言葉がわかりにくかったなとか、図で示したほうがよかったなとか、反省点が見つかります。逆に、その場で感じた以上にわかりやすかったなどと、よい点も見つけることができます。

何度か繰り返せば、話しながら自分を見るイメージができるようになります。**自分が話している姿を自分で見るのは、俯瞰するトレーニングになる**のです。

このトレーニングをする際のポイントは反省しすぎないことです。「もっとああすればよかった、こうすればよかった」と落ち込んでもあまりいいことはありません。視聴者（聞き手）として気楽に見る、くらいの感じでいいのです。自分を見ること自体が俯瞰するトレーニングになっているのですから、大丈夫です。前向きに活かしていきましょう。

俯瞰するトレーニング

□ 自分が話しているところを動画撮影して、見返す

□ 動画で自分を振り返る際は、視聴者として気楽に見る。反省しすぎないことがポイント

相手から見た自分の立場を意識してみる

相手の目線になる、つまり、相手の立場に立つ話を中心にしてきましたが、自分にも立場があります。

相手から見たとき、自分はどういう立場の人間なのか。これも俯瞰したときに見えてくるポイントの一つです。新入社員の立場でプレゼンしているのか、リーダーとして提案をしているのかでは、同じ内容でも聞こえ方は違うものになるでしょう。立場によって、相手が想像するものや求めるものが変わるからです。

言葉は悪いかもしれませんが、それをうまく利用するのも大切なことです。

トヨタ自動車会長の豊田章男さんは、言動に注目が集まるリーダーとしてのご自分の立場をよくわかって話をされています。一人の人間として考えればまったく非のないことも、迷いなく「私の責任です」と語るのは、そういう立場であるからです。

グループ企業の不祥事があった際、章男さんがたった一人で責任を背負う発言をし、謝罪をするのはなぜなのか聞いてみたことがあります。

「リーダーはまず『私が責任者です』と前に出ることが必要」。そんなふうに教えてくれました。問題が起きたときは、いまどういうことが起きていて、何が原因なのか、冷静に調査をしなければなりません。しかし、メディア主導で世間の目が「犯人捜し」に向かうと、本来やるべき調査と改善のスピードが遅くなり、問題が大きくなる場合もあります。

「組織のリーダーは、結果責任を負っているのです。やった・やっていないではないし、自分が辞職すればいいというものでもありません。それより、お客様をはじめ、真面目に頑張ってきた人たちなど関係者がたくさんいます。そういった方々を守ると言えばおこがましいですが、『責任者は私です』と言う人がいないと前に進めないのです」

そうおっしゃっていました。

こうした責任あるリーダーである一方で、現場を歩き回って「身近な存在」で居続けるのも、ある意味では立場をうまく使っていると言えるのではないでしょうか。トヨタ会長として伝えることも、一人のクルマ好き「モリゾウ」として伝えることもできる、稀有《けう》な存在なのです。

ちなみに、私が自分の立場を強く意識するようになったのは、バラエティ番組がきっかけでした。

ロンドンブーツ1号2号さんの『ぷらちなロンドンブーツ』という番組だったのですが、この番組で私に求められているのは「バラエティタレント」や「いじりがいのある面白いアナウンサー」ではないことがわかっていました。田村淳《あつし》さんが「トミーがいると安心してボケられる」と言ってくれたからです。淳さんは、本来ボケ担当なのですが、MCがうまいのでいつのまにかMCのような役割を演じることが多いとのことでした。

バラエティ番組で面白さが発掘されるアナウンサーも多いので、つい、面白く喋って頑張ろうと思ってしまうところです。でも、この番組を俯瞰したときに、私はアナウンサー然としてブレずにいることが大事だと思いました。進行役に徹することで、芸人さんやタレントさんたちがよさを発揮でき、面白くなるのです。淳さんがそれを教えてくれました。

まあ、面白いことをやろうと思ってもできないかもしれませんが……。

ともあれ、ここでお伝えしたかったのは、**「自分の立場を意識することで、よりよい伝え方ができるようになる」**ということです。

そして、そのとき私は、バラエティでもスポーツでも「人のためになることを伝えたい」という思いは同じだと気づいたのです。自分が立ち位置を考えて、芸人さんたちがパフォーマンスを発揮できることが、視聴者にとっての面白い番組につながります。そのために自分が何をやるのかが大切なのです。

第2章

すべては調べて、知ることから

理解していないことは伝えられない

前章では、自分を主体とするのではなく、相手の立場になり、その方の役に立ちたいという想いから「話す」「聞く」ことは始まると述べました。

しかし、相手の視点に立つにも、相手のことや自分以外のことを知らなければ、そのような視点に立つことはできません。本章では、「調べて、知る」ことについて説明します。

言葉で何かを伝えるとき、伝える人はその内容を正しく理解している必要があります。当たり前のようですが、意外と多くの人がよくわかっていないままに伝えようとしているものです。

伝えている本人がよくわかっていないのに、聞き手がよく理解できるということはありません。

アナウンサーは、事前に渡されたニュース原稿を確認し、ペン入れをして読みやすくしたうえで本番にのぞむのが基本です。古舘伊知郎さんのように「原稿を読まない派」は少数だと思います。

完成された原稿を読み上げるのであれば、話し手は内容を理解していなくてもいいかというと絶対にそんなことはありません。原稿の中にわからない言葉があり、それをそのまま読み上げたとします。すると、聞き手は急に意味をとらえられなくなり、話についていけなくなります。不思議なことに、本当に伝わらなくなるのです。微妙なイントネーション、間のあけ方といったところに出るのでしょう。

話し手が内容を深く理解しているほど、聞き手も理解しやすくなります。まったく同じ原稿でもそうなのです。

私はいまもテレビのニュース番組をよく見ますが、ニュースを伝えるアナウンサーが、しっかり理解して言っているのかそうでないのかはすぐにわかります。おそらくそれは、一般の視聴者の「わかりやすい」「わかりにくい」の感想につながっているはずです。

アナウンサーとしての仕事を教えてくれた師匠の一人に、小宮悦子さんがいます。

小宮さんは原稿を確認して正確に理解し、一言一句丁寧に読み上げて伝える方です。その気迫や情熱たるや、すさまじく、よりよく伝えるために常に考え、努力を怠《おこた》りません。少しでもわからない箇所があれば、わかるまで聞いて確認しますし、深く理解するまで学びます。同じ言葉であっても、話し手の理解の度合いによって伝わり方がまるで違うことをよく知っていたからでしょう。

まだ新人だった頃の私は、小宮さんに「なぜそんなに正確に原稿を読まれるのですか」と聞いてみたことがあります。

すると、「私たちはアンカーなのよ。ディレクターや、記者、カメラマン、それに編集する人たちがいて、みんなでつくり上げてきたものを最後に託されるのが私たち。それなのに、言葉を勝手に変えるなんておかしいでしょう？ みんなでつくったものを正しく理解して、正しく伝えることが大事なの」と教えてくれました。なるほどと思いました。小宮さんはアナウンサーの鑑《かがみ》のような存在です。徹底してプロの仕事をされていることが間近で見てよくわかりました。

原稿を読まない古舘さんと原稿を丁寧に読む小宮さんは、一見、正反対のように見えます。でも、どちらも伝える内容を徹底的に自分に落とし込んでいます。**伝える内**

容を深く理解しているからこそ、伝わりやすい話し方ができているのです。

なお、小宮さんは原稿を正しく理解して正確に話すことだけをやっていたわけではありません。伝えるための構成やカメラワーク、編集の仕方までいろいろ考えていました。小宮さんがメインキャスターを務めていた『スーパーJチャンネル』で、「世にも明るいニュース」という3分間のコーナーを担当していた私に言ってくれたのは、「リポートは当然だけど、カメラワーク、ナレーション、編集、すべてあなたの責任だからね。どうしたら伝わるか本気で考えなさい」ということでした。そして、毎日、私のVTRを見ては一つひとつ具体的にアドバイスしてくれました。「導入が長い。結論から入らないと」「いまのカメラはもっと寄るべきだった」「場面を変えるタイミングが急すぎる」などなど……。おかげで、自分の話し方がどうこうよりも、構成・言葉・映像などトータルで伝えることを意識できるようになりました。

100知って、1伝える

わかりやすく伝わりやすい表現にするためには、まずその内容をよく知っていることが大事です。そのうえで余計な情報を省き、大事な部分を凝縮して言葉にします。

理想は、100知って、1伝えるくらいの割合です。**100知ったうちの大事な部分を1に凝縮して伝えようとするから、力のある言葉になるのです。**

テレビのドキュメンタリー番組をイメージするとわかりやすいのではないでしょうか。取材を繰り返し、何カ月も、場合によっては何年も撮りためてきた映像を編集し、ぎゅっと凝縮して短い時間にまとめていますよね。かなりの部分を捨てているのです。それはフィールドリポートも同じで、時間をかけて情報を集め、取材したうえで、ポイントを押さえた伝え方をしています。

取材したり調べたりして多くのことを知るほど、それを全部伝えたくなってしまいますが、情報が多すぎると逆にわかりにくくなります。ですから、100を1にして伝えるには次のような3つの作業が必要になります。

①伝えるべきことを厳選する

まず、100の情報の中から伝えるべきことをピックアップします。ほとんどの場合、伝えるための「目的」があるはずなので、基本的にはその目的に沿った情報を選ぶことになります。いくつかの切り口が見つかった場合、「今回はこれでいこう」と一つに決めます。

②要約する

厳選した伝えるべきことを、短くまとめます。落としてはいけないのは、「いつ、どこで、誰が、何を、どのように、どうした」といった基本的な情報と、今回もっとも伝えるべきメッセージ。これを中心にして、時間や文字数などの制限に合わせて要約します。

③なくても伝わるものは削除する

言葉以外で伝えることができている情報は、わざわざ言う必要はありません。たとえば、果物の入ったカゴの画《え》を見せることができているなら「果物の入ったカゴです」と言葉にして伝えなくてもいいでしょう。同じ内容を繰り返していることは意外と多いので、「言わなくてもわかるな」と思うものは削除するようにします。

これらの作業をするだけで、伝える力は各段にアップするはずです。そもそも多くの人は1伝えるのに2〜3準備しているくらいのものです。それどころか1しか情報をもっていないことすらあります。100から抽出した1のほうが威力があるに決まっています。

愚直なやり方ではありますが、まずは100の情報を集めることです。**聞いて、調べて、100集めておくことによって、1に説得力が出ます。**質問にもその場で瞬時に答えることができるのも大事です。1しか知らなければ、少し突っ込まれただけでしどろもどろになってしまいます。

相手の目線で取材し、情報を集める

それでは、どうやって100の情報を集めるのでしょうか。一つは、すでにお話ししたように、相手に寄り添った取材をすることです。情報を提供してくれる人に寄り添うように関係性を結ぶことで、多くの情報を得ることができます。「ここだけの話」をしてくれることもあるのです。

本やインターネットで調べる場合にも、相手の目線で取材する意識をもつことが大事です。著者はどういう人で、どういう気持ちで書いているのかを考えながら読むのです。これができると、一冊の本から多くを得ることができます。

私たちは普段、話を聞いたり本を読んだりしているとき、自分と同じ考えであったり、共感できたりする箇所ばかりが印象に残り、考えが違う箇所はスルーしてしまいがちです。それでは、得られるものは多くありません。自分の考えを確認しただけになってしまいます。より多くの情報を得るには、できるだけ相手の目線になることが必要なのです。

インタビューは、下調べをしたうえで相手に喋ってもらう

インタビューでは、事前に可能な限り相手について調べておきます。

企業の経営者など著名人にインタビューする場合、その人の著書はもちろん、過去のインタビュー記事などを探して読んでおきます。「どんな質問をしようか」と考えながら読むのではなく、いったん、その人になった気持ちで読みます。そのほうが、どんな考えの人なのかをつかむことができます。言葉の背景にあるものを感じられるようになってくるのです。

自分なりにその人について理解したうえで、素直に聞いてみたい質問をピックアップしていきます。もっと知りたい、教えてもらいたいと思うことが必ず出てくるので、メモをしておきます。

そうすれば、一般論に終始せず、核心に迫る問いかけや「鋭い」と言われる質問をすることができます。

もちろん、よく下調べをしたつもりであっても、短時間ですべて理解することはで

きませんから、相手からすると「ズレた質問」をしてしまうことはあります。でも、「自分のことをわかってくれている」、少なくとも「理解しようとしてくれている」と感じれば、丁寧に答えてくれるものです。

メディアでインタビューをする場合は、「視聴者が聞きたいことを代弁して聞く」という役割があるので、自分はわかっている内容でもあえて質問することがよくあります。ときに、厳しい質問をすることもあります。でも、どんな人であれ、相手を陥《おとしい》れようとか自分が優位に立とうという気持ちがあってはいけません。報道番組であれば、目的は真実を伝えることで、ケンカをすることではないのです。相手をリスペクトする気持ちを前提にしながら、必要な質問をすることが大事です。

相手のことを知っていれば、自然とリスペクトする気持ちも湧き出るものです。下調べはとても大事なのです。

黒柳徹子さんは、『徹子の部屋』のゲストの方のことを入念に下調べしていることで有名です。私は2016年4月、『報道ステーション』のメインキャスターになるときに『徹子の部屋』に呼んでいただきました。事前に、私の学生時代から入社間もない頃のこと、フィールドリポートの印象的なエピソードなど、本当にたくさんリサーチしていただいたことを覚えています。

徹子さんはよく調べて情報を取り込んだうえで、「リポーターはどのくらいなさいました?」とか、「このリポートのときは、大変だったんですって?」というように話を振ってくださるのです。

インタビューされる側になって、やはり、自分のことをよく知ってくれているのがわかると嬉しいものだなと感じました。

大事なことはもう一つあります。事前にしっかり調べて知識をもっていても、それをひけらかさないということです。詳しく知っているからと自分で喋ってしまってはインタビューの意味がありません。徹子さんもそうであったように、「こういうことがあったそうですね?」と水を向けつつ、相手に喋ってもらうのです。しっかり耳を傾け、新鮮な気持ちで聞いていると、自分が理解していた以上のことを話してくれます。そのとき初めて「○○の記事を読んで、こうだと思っていたのですが、違ったのですね」とか「○○のときこうおっしゃっていたのを聞いて、なぜだろうと思っていたのですが、そういうことだったのですね」と自分の知っていることも含めて伝えると、さらに話してくれます。「よく知っているね」「勉強しているね」と思ってもらえます。

取材やインタビューでは、事前にできる限り調べたうえで、相手に喋ってもらう。これが最大のコツです。

取材、インタビューのテクニック

準備

□著書、過去のインタビュー記事などを探して読んでおく。その際は、どういう人なのか、どういう言葉を使っているか、どういう考えなのかをとらえるつもりで読む

□素直な疑問、もっと知りたい、教えてほしいと思ったことをメモしておく

本番

□相手をリスペクトする気持ちを忘れずに質問する
□知識をひけらかすことなく、相手に喋ってもらう
□自分が理解していた以上の話が出てきたときに、「こうだと思っていたのですが、そういうことだったのですね」と伝えるとさらに話してもらえる

勉強したうえで聞くほど、答えてくれる

トヨタ自動車の会長、豊田章男さんとの出会いは2010年にさかのぼります。当時、社長に就任して間もなかった章男さんですが、アメリカで大規模なリコール問題が起き、米議会の公聴会に出席して謝罪と説明を行うという大変な状況でした。日本に帰国して初めて出演するのが、私がリポーターをしていた番組だったのです。

私は、責任を一手に引き受けて試練に立ち向かっている日本のリーダーに、少しでもほっとしてもらいたいという気持ちがありました。そこで、章男さんを控室からス

タジオまでアテンドする役を申し出ました。その時間を確保するため、他の現場取材をキャンセルして待機するようにしました。日本に戻って最初に出演する報道番組に、ピリピリしたムードではなく、あたたかな雰囲気でお迎えしたかったのです。

スタジオまでお連れする短い時間、私は章男さんにご挨拶をし、雑談をしました。実は私の父親はトヨタの社員だったんです。「父がお世話になりまして」と言うと「ああ、知っているよ、お父さん」とにこやかに応じてくれました。

その後、何度か取材やインタビューをさせてもらいましたが、章男さんは「何でも聞いてください」と言って、本当に何でも答えてくれました。かなり踏み込んだ質問をしてもいやな顔一つせず、丁寧に話をしてくれるのです。これはすごいことです。たいていの人は聞かれたくない質問があったり、あまり突っ込まれると「いやだな」というのが顔に出たりするものです。

私は一般的に聞きにくいこともストレートに質問するので、トヨタの広報の方など周囲の人はヒヤヒヤしていたかもしれません。

「トヨタ自動車が静岡に開発中だという実証未来都市〝ウーブン・シティ〟は、章男さんが私財を投じているとの話があります。ご自分でお金を出す意味は、どういうと

2021年２月23日、ウーブン・シティ起工式取材時

ころにあるのでしょうか」

「息子さんの豊田大輔さんが〝ウーブン・シティ〟開発を担う関連会社にいらっしゃるそうですが、関係性はどのようなものですか」

章男さんは何でも答えてくれました。

私が事前に徹底的に下調べをし、勉強したうえで質問していることがわかったからだと思います。私の中で、「勉強して真剣に聞けば聞くほど答えてくれる」という実感がありました。

何となくの知識で「こう聞いておけばいいだろう」と思ってする質問や、相手を陥れようとするような質問であれば、「何でも答える」というわけにはいかないでしょう。私は章男さんをリスペクトしながら質問をしていますが、章男さんも私のことをプロとして認めてくれている感覚があったのです。

こうして報道を通じて出会った章男さんと、いまは「トヨタイムズ」でご一緒しているのですからご縁とは不思議なものですね。

このご縁も、相手に寄り添い、リスペクトする姿勢がなければつながらなかったのではないかと思っています。

次の質問へのスムーズなつなげ方

インタビューでは、事前に相手について調べて知ったうえで、質問を考えておく必要があります。そのインタビューの目的に沿った質問をメモし、だいたいの流れをイメージしておきます。

質問リストを見て順番に聞いていけば聞き洩らしがなく安心ですが、このスタイルのデメリットは、尋問のようになってしまうことです。

「今回の作品のテーマは○○ということですが、なぜこのテーマにしたのでしょうか？」

「～だからです」

「なるほど。評判はいかがですか？」

「～という声をいただきました」

「次にお聞きしたいのは～」


こんなふうにQ&Aが進んでいくインタビューはよく見かけますが、インタビュイー（インタビューを受ける人）が緊張してしまいやすいのです。とくにインタビューに慣れていない人は、「質問に答えなければ」と思って固くなってしまいます。

理想は、自然な会話が盛り上がっているうちに、聞きたいことが全部聞けていたというようなインタビューだと思っています。そんなインタビューを目指して、私は質問メモを見ながら順番に聞く方法をやめました。それではどうやってインタビューしているのかというと、「相手の言葉からキーワードを拾って、次の質問につなげる」やり方です。

質問したいトピックがA、B、C、Dとあったとき、まずAの質問をして、相手の話を聞きます。相手の言葉の中にDに通じるものが見つかったら、それを拾いながらDのトピックにつなげます。Dについて話している相手の言葉の中に、今度はBのトピックにつながる言葉があれば、それを拾ってBにつなげます。そうすると、インタビュイーは自然な流れの会話をしているだけなので緊張しません。場の主導権を自分が握っている感覚で話すことができます。こちらとしても聞きたいことがすべて聞けているうえに、「楽しかった」「話しやすかった」と言ってもらえるのです。

トピックA、B、C、Dそれぞれには関連がないように見えても、事前に相手のことを調べていると、自然につなげることはさほど難しくありません。

たとえば、私はいま「トヨタイムズニュース」のキャスターとして、章男さんにインタビューをすることがよくあります。先日も「トヨタイムズニュース」のラジオ風コンテンツ「声だけのトヨタイムズニュース」を収録しました。台本はまったくなしでの60分インタビューです。豊田章男会長にトヨタ関連の気になるニュースを自由に解説してもらうというのがテーマなので、私は今回伝えるべきニュースとして「プリウスのリコール」「ハイブリッドカーのCO_2削減効果」「東北への想い」「スーパー耐久未来機構（STMO）発足」などのトピックを考えていました。

これを一つひとつ、「では次にこの話題です」と切り替えていくのではなく、章男さんの言葉の中からつながりを見つけて次の質問をしていきます。

リコールについて説明が終わったタイミングで、「保安基準に適合しなくなるおそれがある状態が車に見つかれば、すぐに躊躇《ちゅうちょ》なく改善していくという話がありましたが、これはモータースポーツを起点とした〝もっといいクルマづくり〟と通じるところがあるように思います。このたび、日本最大級の参加型レース、スーパー耐久シリーズ開幕に向けた会見が行われました。章男さんはそこで、スーパー耐久機構（STO）をスーパー耐久未来機構にするんだとおっしゃっていました。これにはどういう想いが込められているのでしょうか」。こんなふうにつなげていきました。これが正解というわけではありませんが、あまり違和感なく会話が続いていると思います。

普段から章男さんの想いはわかっているつもりなので、一見バラバラのトピックにもつながりを見つけられるのです。

相手の言葉の中にキーワードを見つけたときは、メモしながら聞くと進めやすいのではないでしょうか。こうしてインタビューを続け、残ってしまったトピックについては「最後にもう一つお聞きしたいことがあります」と言って質問すればよいでしょう。

キーワードでつなげるインタビュー術

準備

□事前に相手について調べたうえで、質問したいトピックをメモする

□最初に質問したいことだけは決めておく

本番

□最初の質問をしたあとは、相手の話をよく聞いてキーワードをメモする

□相手の言葉を使って「いまお話に出た○○といえば～」「○○とおっしゃっていましたが～」と、次の質問につなげる

□質問メモを見て、聞き洩らしがないか確認。残ったトピックは「最後にもう一つお聞きしたいことがあります」と言って質問する

会話が途切れたら、ここまでの話をまとめる

質問したいトピックは考えておいても、うまく次への流れがつくれない瞬間はあると思います。Aの質問をしただけなのに、自らB、C、Dとすべてのトピックに答えてくれるような人もいますが、あまり積極的に話さないインタビュイーだと、会話が早めに終わってしまうことがあります。そんなとき、とっさに次の質問が思い浮かばず、会話が途切れてシーンとしてしまうかもしれません。

生放送でなければ、沈黙があってもかまわないのですが、私がよくやっているのは「ここまでの話をまとめる」ということです。相手の話を要約しつつ、「〜というお話でした。こういう理解で合っていますか？」と確認します。そうやって喋りながら、次の質問を考えます。**相手の話を聞きながら質問を考えるのではなく、自分が話しながら考えるわけです。**

ここまで聞いてきた内容をいったんまとめることで、自分の頭も相手の頭も整理されます。インタビュイーも、話したことがきちんと伝わっているか確認でき、違うと

ころがあれば訂正をしてくれます。「そういえば、これを言い忘れていました」と、思い出して追加の話をしてくれることも多いです。話が盛り上がっている状態を維持できるのです。

また、相手の話を要約してまとめるのは、会話が途切れたときだけでなく、話が複雑になってきたときにももちろん有効です。頻繁に要約すると話の勢いがそがれてしまいますので、60分のインタビュー中に2回程度入れるのがいいのではないでしょうか。

相手が話しやすい聞き方をしよう

相手が質問に答えてくれているときに大事なのは、相手の話をよく聞くことです。当たり前ですね。でも、意外と多くの人が、相手の言葉から自分の話を連想していたり、次に何を言おうか考えていたりするものです。一応、相手の言葉は耳に入っていますが、これでは「よく聞いている」とは言えません。

話を聞くときは、意識を自分ではなく相手に置きます。何を言おうとしているのか、どんな思いがあるのかを感じようとしながら聞くのです。

そうやって聞いているとき、私は相手の目を見つつ、うんうんと頷《うなず》いています。頷き方が大きいので、スタジオでは「控えめに」とよく注意されましたが、話をしてくれている人からは「よく聞いてくれている」と思ってもらえていました。

相手をよく見て、適度に頷いたり相槌《あいづち》を打ったりするのは、「あなたの話を聞いていますよ」「続きを聞きたいですよ」という気持ちのあらわれです。こうした反応がなければ、相手は「本当に聞いているのかな?」「伝わっているのかな?」と不安になってしまいます。一生懸命聞いてはいるものの、あまり反応をしないタイプの人は、相手を見て頷くようにしてみてください。

さらに、「えーっ!」と驚いたり、面白いところで笑ったりと、リアクションは大きめのほうが相手はもっと話したくなるでしょう。聞き上手は、多くの情報を引き出すことができるのです。

聞き上手になるために

○相手が何を言おうとしているのかに意識を向ける
×次に自分が何を言おうか考えながら聞く
○相手の目を見て、適度に頷きながら聞く
×資料やスマホを見ながら聞くなど、相手を見ずに聞く
○驚いたり笑ったり感心したり、リアクションは大きめに
×「はいはいはい」と相手の話にかぶせるようなリアクション

語彙は、人の話を理解するために増やす

伝える力を伸ばすために、まず語彙を増やそうと思う人もいるのではないでしょうか。

語彙力は高いに越したことはありません。手持ちの言葉が多ければ、伝えるために

よりよい言葉を選ぶことができます。

ただし、難しい言葉を使うことが目的ではありません。

たとえば、頼んでいた仕事を提出してきた部下に対して「画竜点睛《がりょうてんせい》を欠くとはこのことだ」と言っても、伝わらないなら意味がありませんよね。相手がわかる言葉で言わなければなりません。「ほとんどできているんだけど、肝心なところが抜けているよ」と言えば、よくわかるでしょう。追加してほしいものを具体的に指示すれば、齟齬《そご》もなくなります。

日本語には本当に豊かな言葉があります。学ぶのは楽しいし、知っていると使いたくなる気持ちもわかります。でも、ほとんどの場合、日常的な言葉で伝えることができます。**伝えるときには、難しい言葉より平易な言葉のほうがよいことが多い**のです。ですから、自分が使うために語彙を増やすというより、**「相手の話を理解するために語彙を増やす」**と考えることをおすすめします。

言葉を知らないと、相手の話が理解できません。これはマズイわけです。取材、インタビューでいろいろと話してもらっても、本を読んでも、知らない言葉にひっかかっていては、相手を理解するどころではなくなってしまいます。私もアナウンサー試験に合格後、日本語検定のテキスト等を使ってかなり勉強しました。自分の語彙力が低いことは自覚していたので、必要な勉強でした。正直なところ、いまだに語彙力は高くありません。でも、そんな私にも後輩たちが「どうやって言葉を勉強したらいいでしょうか」と相談に来てくれます。私は、「人の話を理解するために言葉を勉強するんだよ」と伝えています。

熟語・ことわざ・故事成語などが網羅されているテキストや、難しい言葉を楽しく学べるような本はたくさん出ていますので、そういった本を使って学ぶのもいいでしょう。もっとも効率がいいのは、ニュース記事や本などを読んで出合った難しい言葉を調べて理解することです。難しい言葉を理解して、やさしい言葉に言い換えることができるようになると伝える力もアップします。

自分では使わないビジネス用語や若者言葉も、相手の話を理解するためには学ぶ必要があるかもしれません。

たとえば、次の文章をわかりやすく言い換えたらどうなるでしょうか。

【ビジネス用語の例】

▼変更前

我々にとって、ボトムアップ型のアプローチによるイノベーションを創出し、パラダイムシフトを起こすことが喫緊《きっきん》の課題です。

▼変更後

私たちはいま、大きく変化しなければなりません。現場からアイデアを集めて統合し、いままでにない新たな仕組みをつくり出す必要があります。

【若者言葉の例】

▼変更前

ワンチャン、このプロジェクトはチートイベントになるかも。神ってる感じのアイデアがどんどん出てきて、社内の雰囲気がヤバイ。ユーザー目線でいっても、マジで推せる。

▼変更後

このプロジェクトは、これまでにないレベルで成功するかもしれません。素晴らしいアイデアがどんどん出てきて、社内の雰囲気は活気にあふれています。利用者の立場で考えても、おすすめしたいです。

ここでは一般的な言葉に直してみましたが、これが正解というわけではありません。言葉は伝える相手によって変わります。普段からビジネス用語をよく使う人に向けて話すなら、ビジネス用語を使ったほうがわかりやすいでしょう。若者言葉も然《しか》りです。

伝える力のある人は、伝えたい相手の言葉に敏感です。相手の言葉に合わせることができると、より伝わりやすくなるのです。

観察力を磨く

100の情報を集めるための、もう一つの方法は観察です。観察力のある人ほど多くの情報を得ることができます。

たとえば、本屋さんでこの本を手に取ったとします。何となく手に取っただけであれば、「どこどこの本屋さんに、この本が売っていました」というだけかもしれません。でも、意識して観察すればたくさんの情報があります。本屋さんのどのコーナーにどのように置かれていたのか、周りにはどんな本があったのか。一冊の本を見ても、カバーの色や質感、文字の色とサイズ、紙の厚みなど本の内容以外にもさまざまな情報があるのです。

観察力をつけるためには、まずは対象に興味をもつことです。いまの例で言えば、本や本屋さんに興味のある人は、自然とよく観察していると思います。

フィールドリポートで災害や事故の現場に行くときは、「二度と同じような事故が起きないためにはどうしたらいいのか」という意識で観察しています。深い興味・関心をもって見ているので、多くの情報が得られるのです。私は移動中も常に周りを見て、観察をしています。

その際、**ポイントになるのは「違い」に注目すること**です。普段からよく観察していれば自然と気づくことではあるのですが、どこをどう見ていいかわからない人は、「いつもと違うところはないか」「周囲と違うところはないか」を意識して見るようにしてみてください。「違い」は大きな情報になります。

渋谷のスクランブル交差点が豪雨で冠水したとき、水に浸かって足下がまったく見えない状況でも「ここは横断歩道が縦横斜めに走っている大きな交差点です。普段はあちらにタクシーが並んでおり……」と現場中継できたのは、「普段の様子との違い」がわかるからです。

数年後にまた東京で1時間に100㎜を超えるような豪雨があったとき、同じ場所に行きました。過去と同じ被害が出ていないか確認するためです。今度は道路は冠水していませんでした。東京都に確認すると、過去の被害を教訓にして排水設備を整備したことがわかりました。このように「過去との違い」に注目して、伝えることができるわけです。

観察力の鍛え方

- □ 対象に興味をもつ
- □ いつもと違うところ・周囲と違うところ・過去と違うところを意識して見る

記録のすすめ

情報を集める際はメモをとる、録音する、動画撮影するなどします。本やインターネットで調べたことはメモ、インタビューは録音、現場取材は動画撮影というように、記録したい内容によって適した方法があります。とはいえ、あとで整理しやすい方法なら、何でもいいと思います。本を読んで知ったこと、感じたことを自分で喋りながら短い動画にしておくというのもいいでしょう。文字で残すよりも、そのときの感情がよくわかる記録になります。

フィールドリポートでは、リポートの種類によって記録の仕方は違いますが、たくさん記録しながら進めていきます。2012年に起きた尼崎《あまがさき》事件（尼崎連続変死事件）のように、複雑な事件は人物相関図をつくって情報を書き込みながら取材していきます。やみくもに取材して回っても有力な情報は得られないので、次にどこに行って何を押さえるべきか、記録を見ながら組み立てていきます。

災害現場のリポートは、まず現地に足を踏み入れたときのファーストインプレッションが大事です。最初からカメラを回し、その場で感じたこと、気づいたことなどを喋りながら記録していきます。瞬間を逃さないようにというのもあって、大量に記録しています。これらをもとに、テレビで放送するものをつくっていくわけです。

実際に伝えるときの素材にはならなくても、記録はとても重要です。私は記憶力がいいほうですが、正確に覚えておくことは難しいですし、いつのまにか記憶の一部が抜けたり、変わっていたりということもあります。

新型コロナウイルスに罹患《りかん》して入院したとき、私は自分の経過をスマホで録画して記録していました。2020年4月のことです。3月にはコロナ感染から志村けんさんが亡くなり、世間に大きな動揺が走っている頃でした。

報道番組のメインキャスターとして、感染拡大の防止を呼び掛けてきたのに、自分が感染してしまったのは本当にショックで申し訳ない気持ちでいっぱいでした。当時、ずいぶんお叱りの声もいただきました。批判は受け止め、メインキャスターの穴をあけてしまうことを謝罪しました。

ただ、もう感染してしまったことは仕方ありません。私は自分の症状や経過を伝えるべきだと思いました。コロナ感染後にどのような治療を受け、どのような経過をたどるのか。一つの例として伝えなければならないと思ったのです。しかし、番組自体が批判を受けている中では、私が病院から伝えることを許可してはもらえませんでした。そこで、スマホで自分の状態を撮影しながら喋り、記録することにしました。記録したからといって、番組で伝えられるかどうかはわかりません。誰にも伝えることはできないかもしれない。それでも、一つの資料として記録を続けました。

私は「中等症Ⅱ」という、「重症」の一歩手前の状態でした。呼吸は苦しく、点滴を受けながら安静にしていなければなりませんでした。

「新型コロナウイルスの陽性反応が出て2日目の夜です。現在、熱は36度台で咳《せき》も出ていません。呼吸が浅くなっておりまして、トイレなどへ少し歩いただけで息が切れるような状態が続いています。レントゲンで見ますと、肺に白いもやもやとしたもの……、綿菓子のような感じですね。が、映っていました。血液中の酸素の量を測ってみます。……いまは96です。この値が90％を下回ると気を付けなければならないと言われております」

このような感じでスマホに向かって喋り、毎日撮影を続けました。具体的に、どのような治療をしているのか、血液検査の結果はどうなのか等、すべて記録しました。リアルタイムで伝えることはできませんでしたが、こうして撮りためた動画は、編集して一部お伝えすることができました。2カ月後に番組に復帰する際に流すことになったのです。

あとから「あのときはこうでした」と語ることもできますが、やはりそのときのリアルな状況の記録には価値があります。

いまはスマホで簡単に動画撮影ができますから、思い立ったらすぐにできますよね。もちろん、紙とペンさえあれば書いて記録することもできます。将来伝える素材になりそうなものは、記録しておくことをおすすめします。

伝えるべきだと思うことは大切にする

100の情報を集めたあと、伝えるべきことを厳選するという話をしました。基本的には伝える目的に沿ったものを選ぶわけですが、情報を集めているうちに当初の目的とは違うけれども「伝えるべきだ」と思うものが見つかることはよくあります。それこそが取材の醍醐味《だいごみ》です。取材相手の目線で情報を集めていると、「ああ、これは想像できなかったな」「丁寧に取材しないとわからなかったな」と思うものが見つかるのです。それは「伝えるべきこと」になります。もちろん、当初の目的からかけ離れていれば、別の機会に伝えるなど方法を考えなければなりませんが、「これは伝えるべきだ」と思ったこと自体は大切にしてほしいと思います。

2011年3月11日、東北地方を中心に未曽有《みぞう》の大震災（東日本大震災）が起こりました。被災地の現状を伝えるため、宮城県気仙沼《けせんぬま》市で取材をする中で、どうしてもこれは伝えるべきだと感じたものがありました。気仙沼の市役所の掲示板に、「○○へどこどこにいます。これを見たら、来てください　○○」といったメッセージがいくつも書かれていたのです。私はこれを見て、胸が潰れる思いがしました。当時はまだLINEもなく、SNSを通じて連絡を取る手段が十分に広がっておらず、離れ離れになった家族がお互いを心配しながら連絡できないままでいたのです。一方で、ワンセグ（地上デジタル放送を携帯電話で見ることができるサービス）はある程度広がっていました。災害の情報は、ラジオか、テレビの放送を携帯電話で見るというのが主流だったのです。

私は、掲示板に書かれているメッセージを伝えるべきだと思いました。一つひとつは個人的なメッセージです。当初の目的からは外れていますし、本人の許可を取ることはできないのですからリスクを伴います。しかも掲示板には、一刻も早く連絡を欲しいという思いからか電話番号も書かれていました。テレビのルールからいっても、「誰がどこにいる」といった個人情報を流すのは相当難しいことは承知していました。

でも、家族や友人の安否を心配しながら、少しでも何か情報がないかと思って携帯電話から報道番組を見ている人たちがいるのです。私は市役所の方々と、テレビ局にかけ合いました。もちろん、すぐにOKは出ません。「上に聞いてみないと何とも言えない」「検討してみます」という回答です。でも、「絶対にダメ」と言う人もいませんでした。私は粘り強くお願いし、最終的には掲示板に書かれているメッセージをいくつかまとめて映すかたちで、テレビで流してもよいことになりました。

不安がなかったわけではありませんが、私も必死です。「伝える役割」をもっている人間として、できることをやるしかありませんでした。一人でも二人でも、メッセージを見て再会できたらいい、少しでも安心できたらいいという想いです。

その結果、大変な反響がありました。翌日の掲示板はメッセージで埋め尽くされ、足りなくなって板が追加されました。掲示板に書きに来る人、見に来る人で行列ができていました。「伝えてくれて、ありがとう」「おかげで家族に会えました」。多くの方に声をかけていただき、わずかながら力になれたのではないかと感じることができました。

業界のルールに抵触したり、社会的なタブーに触れたりしてまで「伝えるべきこと」というのは、さほど多くないかもしれません。でも、もし**「これは伝えるべきだ」と思ったら、それは大切にしてほしい**と思います。

ただし、本当に伝える決断ができるのは、**「伝えることによって人を幸せにする」**と思えるときです。それは、第1章で述べたように「相手の立場」になり、役に立ちたいという想いから生まれるものだと思います。

第3章

自分の言葉で伝える

「自分の言葉で伝える」とはどういうことか

よく「自分の言葉で伝える」という言い方をします。「自分の言葉で伝えようとするから、伝わるのだ」という考え方がありますよね。自分の内面からにじみ出てくるような、実感を伴った言葉には力があります。

本章では、相手目線に立って話を聞いたうえで、いかに自分の言葉で伝えていくのかについて述べます。

海洋冒険家の白石康次郎《こうじろう》さんは、世界一周ヨットレース「ヴァンデ・グローブ」に挑戦し続けています。スタートからゴールまで何カ月もかかるうえ、単独無寄港無補給という世界でもっとも過酷なレース。海の上にたった一人、どんなに孤独や恐怖とたたかうことでしょうか。普通に考えたら、笑顔は消え、必死の形相になってしまいそうです。でも、番組で中継をつなぐと、白石さんはいつも明るい笑顔を見せてくれました。「ヴァンデ・グローブ2020-2021」では、序盤にメインセール（マスト後方にある、風を受ける帆の一つ）が大破してしまいました。ただでさえ脱落者が多い過酷なレースです。「これは厳しい……」。応援していた誰もがリタイアを覚悟しました。しかし、白石さんは諦めることなく、アジア勢として初めて完走したのです。

「笑顔だと最高の判断ができる」

「状況は変わらなくても、向きを変えれば見え方が変わってくる」

白石さんの体験から紡《つむ》ぎ出される言葉の数々に、胸が熱くなりました。**自分自身と向き合って出てきた言葉には力がこもり、人の心を動かす**のです。

自分の言葉の反対は、他人の言葉、つまり「借り物の言葉」です。きれいにまとまっていても、借り物の言葉では聞き手の心に響かないでしょう。

ただ、最初は「借り物の言葉」だったとしても、その言葉と真剣に向き合い、自分の中に落とし込むことができれば、自分の言葉になります。

たとえば会社のビジョンを社長が社員に向けて発表するとき、コピーライターにつくってもらったかっこいい言葉をそのまま言っても、伝わることはないと思います。

ビジョンを浸透させるためには、言葉の背景や、その言葉に込められた想いを含めて繰り返し語る必要がありますが、借り物の言葉ではそういうことができません。

でも、その言葉が完全に腹落ちしているのであれば違います。言葉をつくったのは別の人であっても、背景も想いもじゅうぶん理解していて、その言葉に関していくらでも語れる状態になっているのであれば、それはもう自分の言葉になっているのです。

そもそも、会社のビジョンとして言葉をまとめるにあたっては、社長自身が想いをたくさん喋っているはず。それを凝縮して言葉をつくったのは別の人であっても問題ありません。それは「借り物の言葉」ではなく、自分の言葉です。

「自分の言葉で伝える」というと難しく感じますが、伝えるべき言葉と向き合って自分のものにすればいいと考えることもできます。

よい言葉と向き合う

言葉の力を磨くには、よい言葉と向き合って、自分のものにしていくことが大事です。伝える力のある人は、言葉の引き出しが多いものです。どうやって言葉をストックしているのかというと、「はっとした言葉」「これはと思った言葉」に出合ったら、それを自分に当てはめたり、咀嚼《そしゃく》したりして落とし込んでいるのです。

わかりやすいのは「座右の銘」です。あなたも、生きていくうえでの指針や支えとなる言葉として、胸に刻んでいるものがあるのではないでしょうか。「座右の銘」となる言葉の多くは、偉人の名言、故事成語、映画や小説などの作品に出てきた言葉だと思います。自分の言葉ではありませんが、共感して自分の中に落とし込んでいるのであれば、自分のものにしていると言えます。次の質問に答えて確認してみてください。

あなたの座右の銘は何ですか？
なぜ、その言葉が大事なのですか？

ちなみに私の座右の銘は「宿命に耐え、運命と戯《たわむ》れ、使命に生きる」。三菱ケミカルホールディングスの元会長小林喜光《よしみつ》さんの言葉です。この世に生を享《う》けることは、誰も選ぶことはできません。生まれた時代や国、性別、容姿など、自分で選べない「宿命」には耐えるしかありません。でも、「運命」は自分で切り拓《ひら》いていくことができるもの。自ら「命を運ぶ」のが運命です。戯れるくらいの意識でいるのがいいのかもしれません。そして、生まれてきている以上、自分の「使命」は何かを考えて見つけ出し、その使命に生きていきたい、ということです。

スポーツキャスターになりたくてテレビ局に入社したあと、情報バラエティ、そしてまさかの報道へと、思いもしなかった道を進むことになったのは、運命と戯れるような感覚でした。「自分には向いていない、報道はやりたくない」と思っていたのに報道番組についたということは、運命なのです。あまり思いつめずに、かつ真剣にやって道を切り拓いていこうと思いました。そのおかげで、**自分には「現場を伝える使命がある」と感じることができた**のです。迷いを感じるときは、この言葉を思い出すようにしています。


「座右の銘」を例に挙げましたが、他にも「はっとした言葉」「感動した言葉」など、きっといろいろあると思います。その都度、「なぜはっとしたのか」「なぜ感動したのか」を考え、ストックしていくと、言葉の力は磨かれていくはずです。

私は、さまざまな方に教えてもらった言葉、かけてもらった言葉をメモし、ストックしています。

大切にストックしている言葉の一部

◎栗山英樹さん（元プロ野球選手、WBC前監督）

「夢は正夢」

学生時代に、野球部の恩師を通じてもらったサインに書かれていた言葉。スポーツキャスターになりたいという夢をもっていた私は「夢は正夢になるんだ」と勇気をもらいました。

◎松下賢次さん（キャスター、アナウンサー）

「おれはこういうヤツ好きだけどね」

就職活動中のアナウンスセミナーにて、まるでできずに怒られてばかりいた私を見て、言ってくださった言葉。怒られながらも愚直にアドバイスを聞き、食らいついていた様子を見て、何気なく出た言葉なのでご本人は覚えていないでしょう(笑)。この言葉にとても勇気が出ました。

◎原辰徳さん（元プロ野球選手、巨人前監督）

「さあ日本の顔！ 威風堂々と！“道”」

報道番組のメインキャスターになるとき、私に送ってくださった色紙に書かれていた言葉です。私は子どもの頃、原辰徳さんに憧れて野球を始めました。大好きな原さんにいただいたメッセージに、「威風堂々と自分なりの道を見つけて進んでいこう！」という気持ちになりました。

◎木村拓哉さん（歌手、俳優）

「どこでどういう風が吹くかわからないので、強い風が吹いたら、しならないとダメ。折れちゃいます」

番組で対談させていただいたとき、私は「頑張っているつもりだが、自分に合格点を出せない」といった弱気な発言をしました。それに対して言われたこの言葉に、はっとしました。何事もしなやかに受け止められる人間でありたいと思いました。

◎ EXILE ATSUSHI さん（歌手）

「神様のサインに身を任せることも忘れないで」

新型コロナウイルスで療養し、復帰してから、がむしゃらに頑張っていた頃に言ってくれた言葉。あっちゃん（そう呼んでいます）とは、お互いのキャリアについて話をし、すっかり仲良くなりました。自分の力では抗《あらが》いようのない出来事が起こることもあります。そういうときは「神様のサイン」だと考えて、流れに身を任せてもいいのだと思いました。

大切にストックしている言葉の一部

◎黒柳徹子さん（タレント、司会者）

「あなたなら大丈夫」

報道番組のメインキャスターになることが決まり、『徹子の部屋』に出演した際にかけていただいた言葉。自分に務まるのだろうかと不安がありましたが、徹子さんが力強く言ってくれた言葉に勇気が出ました。番組コメンテーターの後藤謙次さんが言ってくださった「何があっても富川キャプテンを支えるから」という言葉とともに、どれだけ心強かったかわかりません。

◎古舘伊知郎さん（キャスター、アナウンサー）

「人の力になろうなんておこがましいことを考えなくていい。誰かの役に立てばいいんだ」

災害や事故などつらい現場の取材を続ける中で、自分の無力感にすっかり落ち込んでいた頃にかけていただいた言葉。私は人の力になりたいのに、なれないと思って歯がゆく悔しい思いに潰されそうになっていました。この言葉で心が楽になりました。

「人のために役に立ちたい」という思い

「自分の言葉で伝えたい」と思っても、組織に属していると、ストレートに自分の思いをぶつけることが難しい場面もあります。

私の周りでも、自分の言葉で伝えることとたたかっている後輩はいます。現場で取材した自身の考えとディレクターが書いた原稿のニュアンスや意図が異なるということがあります。この文言でやってくれと先輩ディレクターから言われると、従わざるを得ません。現場に行っていろいろなことを感じている若いリポーターやアナウンサーは自分の意見を通せない状況になりがちです。

こうしたことは、どんな仕事でも日常的に起こっていることでしょう。では、どうすれば、周囲に納得してもらいながら、自分の意見を通せるか——それは、日々の仕事の積み重ねで信頼を築いていくこと、そして何より「現場の思いを伝えたい、人のために役に立ちたい」という気持ちをどれだけ真剣にもてるかだと思います。

何が正しいのかをきちんと考えたうえで、信念をもっており、先輩や上司から言われたことが納得できないのであれば、しっかりと先輩や上司に意味を伝える。「なぜ、私はやりたいのか」という意味をしっかりと伝えると、私の場合は認めてもらえることが多かったように思います。

組織である以上、個人の意見は否定されてしまうこともあるでしょう。ここで大切なのは、個人の意見ではなく、公の利得になる意見であることをいかに伝えられるかです。かつ、それをやることによって上司の評価もプラスになるかもしれないというところを、いかにプレゼンできるかです。その根底を支えるのは「人のために役に立ちたい」という気持ちです。私利私欲で意見を通したいと思っても誰も認めてくれません。

少なくとも私は12年もの間、「人のために役に立ちたい」という思いで日々の取材にあたり、徐々に周囲の人に認められていったのだと思います。

言語化するトレーニング

自分の言葉で伝えるためには、まず自分がどのように感じているのかを「言語化」する必要があります。何となく思っていることはたくさんあっても、言葉にできなければ伝えられないですよね。

物事の状況を相手にわかりやすく説明するにも「言語化」は必須です。報道番組で現場中継をする際には映像がありますが、映像だけではわからない部分を言葉にして伝える必要があります。

言語化が苦手で、なかなか言葉にならないと思う人は、こんなトレーニングをやってみてはどうでしょうか。

トレーニング1：実況中継

自分がいま見ているものを実況中継するように言葉にしていきます。「いま私はカフェにいます。木製のどっしりとしたテーブルと革張りのソファ。落ち着いた雰囲気のカフェです。お昼前の時間なのでお客さんはまばらです。メニューを見てみましょう……」。日常のどんなことでもOKですから、言葉で説明する練習をしてみてください。状況の言語化がうまくなるだけでなく、観察力もアップします。

トレーニング2：自分自身に取材

「座右の銘」について「なぜ、その言葉が大事なのですか？」と聞いたように、自分に質問します。質問には言葉で答えようとしますよね。自分自身に取材するつもりでやってみてください。たとえば本の感想を言葉にしたいと思ったら、「なぜこの本を選んだのですか？」「読んでみてどうでしたか？」「どこが一番面白かったですか？」というように質問し、自分で答えていくのです。

トレーニング3：日記を書く

日記を書くのはよいトレーニングです。後輩アナウンサーや、アナウンサーを目指す方々にはよくおすすめしています。面白い出来事があったとか、新しいチャレンジをした、人に会ってこんな会話をしたなど、書きたいことがある日だけでかまいません。文章にしようとする過程が言語化するトレーニングになりますし、書いたものを読むことで客観的になれるので、俯瞰するトレーニングにもなります。

五感を使って表現する

「グルメリポートがうまくできないので、アドバイスが欲しい」というのは、アナウンサー時代、後輩によく言われたことです（いまだに聞かれることがあります）。食べたり飲んだりしながら、自分がいままさに感じていることを実況するのがグルメリポートです。言語化するトレーニングにもぴったりかもしれません。

私がいつも答えるのは**「感じたことを素直に、順番に伝えればいい」**ということです。うまくたとえたり、かっこいいことを言ったりしようとせず、自分が感じたことを言葉にします。コツは五感を使った表現をすることです。味以外にも、見た目、香り、触感、温度など、感じるものはたくさんあります。

たとえば、ハンバーグを一切れ口に運びながら「分厚い一切れです……アチッ！

アツアツです、猫舌なものですみません、フーフー。わ、口に入れた瞬間はやわらかくてフワッとしているんですが、しっかりした肉の噛みごたえもあります。肉汁がジュワーッとあふれ出してきて甘いですね〜。ソースの酸味と一緒になって、後味は意外とあっさりです。どんどん食べられちゃいそうです。いや〜おいしい」。

普通のことしか言っていませんよね。でも、視聴者は自分が食べるところをイメージしやすいと思います。私はこの「五感を使って感じたことを順番に説明していく」というやり方でグルメリポートをするようになってから、うまいと言われるようになりました。

グルメだけでなく、何かおすすめしたいものがあるときは、よさを分解すると伝えやすくなります。自分が感じたことを順番に言葉にしてみてください。「面白かった」「すごかった」しか言えないと思っていても、細かく見ていくといろいろなことを感じているはずです。

表情、身体を使って表現する

言語化の話をしてきましたが、「伝える」材料は言葉だけではありません。グルメリポートでおいしさを伝えるのに、表情で伝えるという手もありますよね。テレビ朝日での新人アナウンサー研修に、私のグルメリポートが教材として使われているのを見たことがあります。先輩アナウンサーは、新人たちに教えながら「富川悠太はグルメリポートで顔芸を編み出した」と言っていました。顔芸をやっているつもりはないのですが……。顔を使って表現するのも大事なんです。言葉よりも表情が語っていることも多いものです。

フィールドリポートでは身体を使った表現もします。現場を歩き、手を大きく広げたり、かがんだりしながら、伝えるのです。以前の現場中継は、リポーターがまっすぐ立ってマイクを持ち、状況を語るのが主流でした。私は、それでは伝わりにくいと思いました。もっと大きく動いてもいいのではないか。大雨で川が越水しているなら、そのあふれ出た水の中を歩き「くるぶしくらいまで水が来ています。流れの強いところは足をとられて危険です」と見せたほうがはるかに伝わるのではないか。そう思って、実際に動いていました（もちろん、安全は確認しながらやっていました）。事件現場となった場所を説明するのに、「両手を広げると壁に触れるほどの道幅です」と実際に手を広げて見せたこともあります。

もともと身体を動かすのが好きな人間だったので、自然とそうなってしまったという面もあります。でも、結果的によかったようです。まっすぐ立って言葉だけで伝えるよりも、わかりやすいリポートだと言ってもらえました。

スピーチ、講演やプレゼンなどでも、身体を使って表現できるところはあるのではないでしょうか。「感動しました」というときに胸に手を当てる、「こんなに多くの」というときに腕を広げるなど、自然な動きをまじえるとより伝わりやすくなります。人差し指を立てながら「たった一つの方法があります」など、数を示すときに指を使うのもいいですね。

とくに強調したい箇所は、動きを入れることで注目を集めやすくなります。

脳内現場をつくる

フィールドリポーターとして自信がついてきた頃、メインキャスターの古舘伊知郎さんの代役としてスタジオから伝えるときに悩んだのは、「現場のように伝えることができない」ということでした。

自分としては一生懸命、話す内容について勉強して理解し、そのうえで伝えようと頑張っていたのですが、どうも上滑りしているというか、伝わっているという手ごたえが感じられなかったのです。

そんなとき、古舘さんは「**脳内現場をつくればいい**」とアドバイスをくれました。自分が実際に現場に行って見てきた、体験してきたイメージをありありと思い浮かべるのです。そのために、ニュース原稿はもちろん、新聞や他局の報道、取材者の話などさまざま確認します。そして、スタジオに入る前に個室にこもってイメージするようにしました。当時、古舘さんの代役である私に個室の楽屋はありませんでしたから、トイレの個室です。すっかりその癖がついてしまい、私がメインキャスターとなったあとも、毎回スタジオに入る前にはトイレの個室にこもっていました。とても集中できるんです。集中しすぎて、本番10秒前くらいに慌ててスタジオに入っていくなんていうこともありました。

脳内現場をつくることはとても効果がありました。実際に見て聞いて、体験したイメージが頭の中にあるので、それを臨場感をもって話すことができるようになったのです。視聴者の皆さんからいただくコメントも増え、伝わっている手ごたえを感じられるようになりました。

情景を描写して、気持ちを表現する

よいと思ったことを人に言いたいとき、「素晴らしかった」「面白かった」「感動した」といった言葉だけでは、なかなか伝わらないと思ったことはないでしょうか。

「こんなに素晴らしかったんだよ!」と一生懸命に言っても、「ふーん」というそっけない反応だと寂しいですね。言葉として意味はわかるものの、相手の頭の中にイメージができていないのでしょう。

私たちは、意味がわかるだけでは、心は動かされません。「それはすごい！」と一緒に感動できるくらいに共感するには、頭の中に情景が思い浮かんでいることが必要なのです。

脳内現場ではないですが、自分の頭の中にある情景を言葉にして表現することで、相手の頭の中にも情景が浮かびます。

たとえば、「子どもの頃、初めて友だちからもらったエアメールが嬉しくてたまらなかった」というのを、情景が浮かぶように話してみましょう。


コトン、と郵便受けに何かが届いた音がするたび、急いで見にいきました。ああ、今日もチラシばかりだ。あっ、封筒がある。なんだ、お父さん宛ての請求書か。私は肩を落としつつ、外国からだから、きっとすごく時間がかかるんだと自分をなぐさめました。それが何日か続き、郵便受けに走って見にいくのをやめた頃です。その日はとくに夕焼けがきれいで、友だちの国ではこんな夕焼けが見えるんだろうかなんて考えながら、学校からの道を歩いて帰りました。家に着いて何気なく郵便受けを見ると、あっ、フチに赤と青のストライプがほどこされた白い封筒が入っています。急いで取り出し、眺めました。なんだか、見たこともないきれいな紙のように感じます。宛名には、ぎこちないけれど、くっきりと濃く、アルファベットで私の名前が書かれていました。それはなつかしい、友だちの字でした。

「嬉しかった」と言わなくても、聞き手は一緒に嬉しい気持ちを味わってくれるのではないでしょうか。

最後を決めておいて、伏線を張る

個人的なエピソードをダラダラと長く話すと、聞き手は、「それがどうしたの？」「結局、何が言いたいの？」と思うかもしれません。いわゆる「オチのない話」は、嫌われがちです。

でも、噺家《はなしか》さんやお笑い芸人さんのように、巧《たく》みな話術でオチをつけて話すのは、なかなかマネできるものではありませんよね。そこで、一つ意識してみるといいかもしれないのは「伏線を張っておいて、最後に回収する」ということです。

アナウンサーの研修を受けているとき、怒られてばかりだった中で、唯一褒められた記憶があるのが、エピソードトークでした。

その場で自由にエピソードを語るのですが、アナウンサーになりたての私が、そんなにすごいネタをもっているわけがありません。「子どもの頃に飼っていた犬と別れて、再会した話」をすることにしました。

小学5年生の頃、飼っていた犬「ロッキー」とお別れをすることになりました。愛知から東京に引っ越すことになり、犬を連れてはいけなかったからです。

実は、私はロッキーと仲がよくありませんでした。家族の中で一番年下の私のことをなめていて、なついてくれていなかったのです。だから私も、散歩には連れていくものの、「イヤな犬だな」なんて思っていました。しょっちゅうケンカしている間柄でした。

でも、お別れは辛《つら》いものでした。もう会えないのかと思うと寂しくて、もっとやさしくしてやればよかったと思いました。

父親がロッキーを車に乗せ、隣町の人のところへ連れていきました。わざとグルグルと回って、道がわからないようにしたそうです。

翌朝、ロッキーの新しい主人から電話がありました。「大変！　ロッキーが逃げました。探しているけど、どこにもいないんです」。

家族みんな、「どうしよう」と青ざめました。ロッキーのことが心配でたまりません。道に迷って大変なことになっているんじゃないか、もし事故にでも遭っていたとしたら……。私も心配で泣きたくなりました。

ロッキーのことが頭から離れないけれど、学校には行かなくてはなりません。私はいつも通り登校し、習い事のスイミングに行って、日が暮れた頃に帰ってきました。

一人、下を向いてとぼとぼと家に向かって歩いていると……、家の前に犬が座っているではありませんか！　ロッキーです。ロッキーが家にたどり着いていたのです！　私は喜びのあまりスイミングのバッグを放り出し、ロッキーに駆け寄りました。ロッキーも私を見て尻尾を振って走ってきました。私はロッキーを抱きしめ、「ごめんね、ロッキー」と言いました。ロッキーは「クーン」と返事をしました。

　ロッキーを抱きしめたまま、空を見上げると、満月が浮かんでいました。


　このエピソードトークは「素晴らしい」と絶賛してもらい、構成のコツのようなものを少しつかんだ気がしました。情景描写で気持ちを表現しつつ、伏線を回収してエピソードを終えたのがポイントです。

　伏線とは、最後の展開に備えて、その展開と関係する事柄をほのめかしておくことです。ほのめかされた段階では因果関係がわからないのですが、最後まで聞くと「あ～そういうことか」とわかって、すっきりします。

「オチをつけよう」と考えると難しいし、そこに焦点を当てすぎると、すべるのが怖いですよね。それよりも、伏線回収のほうが簡単です。最後を決めておいて、最後のシーンにつながるものを話の途中に入れればよいのです。

　私の話の伏線は、「飼い犬と仲が悪く、ケンカばかりしていた」「下を向いてとぼとぼと歩いていた」というところです。これを聞いた段階ではさほど重要な部分とは感じないと思います。話のクライマックスは、「犬が逃げていなくなってしまったが、家に戻ってきた」部分ですから、聞き手の意識はこちらに集中しているはずです。

でも、最後に「犬を抱きしめ、謝った」「空を見上げると、満月が浮かんでいた」というところで、聞き手は「そういうことか」とすっきりするのです。「だから、わざわざ犬と仲が悪かった話をしたんだな」「だから下を向いて歩く描写があったんだな」とわかるわけです。小さな伏線でも、最後に回収されると「なるほど」と思うのでエピソードが締まります。

逆に、最後まで回収されない話が入っていると、聞き手はモヤモヤします。それは伏線ではなく、脱線ですので注意してください。

なお、ロッキーはその後、無事に新しい主人のところへ行くことができました。きちんとお別れができたことで、ロッキーも納得したようです。

数年後に飼い主さんから「天寿をまっとうして、幸せに亡くなりました」と電話をいただきました。

文章を覚えるのではなく、ポイントを頭に入れておく

いまでこそ台本なしでその場で臨機応変に話せるようになりましたが、以前は話すことをきっちり決めていました。生放送での現場中継は、時間が決められています。「3分で伝える」というのに、台本なしでのぞむのは不安すぎました。台本といっても、自分でつくった台本です。現地で取材した内容をもとに組み立てを考え、文章にして「ここでこれを話す、次にこれを話す」というのをメモ書きしていたんです。中継しながらメモを見ることはできないので、本番前にそのメモを頭に入れてのぞみます。

ところが、これで大失敗したことがあります。台本の文章を覚えようとしていたため、ハプニングがあったとき、台本が飛んで頭が真っ白になってしまったのです。

忘れたくても忘れられません。あれは2005年、竹ノ塚駅踏切事故の現場からの中継でした。「(歩きながら)東京都足立区の竹の塚の商店街を抜けてすぐにあるこちらの踏切は〝開かずの踏切〟と言われており……」。

カメラワークを意識しながらの、動きのある中継。フィールドリポートがようやく板についてきた頃です。私は事前に考えた文章を順番に喋ることで乗り切っていました。

突然、「バン！」と大きな音がしました。「えっ、何の音だろう？」と気を取られた瞬間、頭の中の台本が消え去りました。次に何を言えばいいのかわからず、しどろもどろです。スタジオの古舘さんが質問を投げかけつつフォローをしてくれましたが、頭に血が上って、何を言っているのか自分でもわかりませんでした。思い出すだけで冷汗が流れます。あれは何の音だったのでしょうか？　結局わからないままでした。

それ以来、私は台本をつくるのをやめました。失敗の原因は、頭で文章を覚えようとしていたことです。当時も、丁寧に取材をして情報を集めていたのですから、ハプニングがあろうと、どんな質問が飛んでこようと伝えることはできたはずなのです。それなのに、台本が消え去ったことでパニックになってしまいました。

そこで、伝えたいポイントだけを覚えるように変えました。たとえば、「地名」「現在の様子」「事件当日の様子」「町の人の声」についてキーワードだけメモして覚えておきます。話す順番は一応決めてありますが、その場で臨機応変に対応します。中継している最中に、想定外の出来事が起きるのも珍しいことではありません。ポイントだけ押さえればいいのであれば、どうにでもなります。時間を見ながら「これは省略しよう」「この話は半分に縮めよう」と考えて進めることができるのです。

スピーチ、講演、プレゼンなどではあまり想定外のことは起こらないかもしれませんが、**文章で覚えていると、それを忘れたときのリスクがあります。台本よりも、「伝えたいポイント」のほうを重視して頭に入れておくのがいいでしょう。**

身体に覚えさせる記憶術

フィールドリポートを始めた頃から、私は「メモを見ながら喋ることはしない」と決めていました。そのほうが臨場感のある伝え方ができると思ったからです。文字を見ながら話すと、どうしても視点が自分に固定されてしまいます。「現場と一体化」することが難しいのです。

メモを見ることができないので、伝えるべきポイントは頭に叩き込んでおく必要がありました。**頭というより、身体に覚えさせるという感覚**です。現場を歩きながら、「ここでAのポイント」「ここでBのポイント」とイメージしておきます。すると、本番で同じ場所を歩いたときに、そのポイントが思い出されるのです。

以前、異常なほど雑学に詳しい、くりぃむしちゅーの上田晋也さんに「どうやって記憶しているのですか？」と聞いたことがあります。上田さんは、キーワードを脳の部位に当てはめて痛みで覚えると教えてくれました。東海道新幹線の駅名を覚える場合、「東京」は脳の前あたりに痛みを感じ、「品川」はその横、「新横浜」はさらにその横……というように、脳みそにチクチクと刺激を与えるイメージをしながら覚えていくのだそうです。興味深い記憶術ですよね。私はマネできなかったのですが、「なるほど、身体にリンクさせて覚えるという点で似ているな」と思いました。身体を動かしながら覚えたほうが、記憶を引き出しやすいのは確かです。

伝えたいポイントを記憶したいときは、本番と同じ場所で、動きながら話す練習をしておくのが一番だと思います。それができない場合は、できる限り近い状況をつくってシミュレーションをします。一度でもやっておけば、身体が覚えてくれるはずです。

資料のポイントを目立たせるルールをつくる

会議での報告やプレゼン、お客様に商品の説明をするときなど、資料を使って伝えることは多いと思います。基本的な内容は頭に入っていても、正確な文章を伝える必要があったり、読み上げる必要があったりする場合もあるでしょう。何も見ずに話すことは少ないかもしれません。

資料やメモを見ながら話すときは、つらつらと読み上げるのではなく、重要な箇所を意識しながら読むと伝わりやすくなります。

自分用の資料には、手書きで印をつけてポイントを目立たせておくことをおすすめします。もとの原稿の文字を太字や赤字にして強調することもできますが、「それを見て話す」という観点でいうと、手書きのほうが目に飛び込んできます。資料を確認しながら「ここは絶対に忘れないようにしないと」「ここは強調したい」というところに手を使って印を書き込みます。その作業によって、頭にも刻まれます。

手書きでポイントを目立たせる際の、自分なりのルールをつくっておくといいでし

ょう。テーマとなるキーワードを丸で囲む、強調したい点にアンダーラインを引く、忘れたくない箇所に☆マークをつけるなどです。

アナウンサーはニュースの原稿を渡されたとき、こういった作業をしています。私もスタジオで緊急のニュース原稿を渡されることがよくありました。その場で瞬時に理解して、きちんと伝えるためには、自分なりのルールで原稿にポイントを書き入れます。ルールが決まっていると、作業の時間が短くてもポイントを落とさないようになります。

伝えたいポイントを絞る

伝えたいポイントは、数を絞ってできるだけシンプルにすることが大事です。さまざまな情報を伝えたほうが、聞き手にとって有益なのではないかと思ってしまいがちですが、逆効果です。一度にたくさんの情報を伝えようとすると、逆に一つも印象に残らないものなのです。プレゼンや講演ならメインのメッセージを一つに決め、そのメッセージを理解してもらうためにポイントを3〜5個に絞って伝えるくらいがいいと思います。
余計な要素はカットします。なくても伝わる言葉はカットし、ビジュアルで見せられるものはビジュアルに置き換えます。長い文章で伝えなくても、写真を見ればすぐにわかるとか、グラフや表ならすぐにわかる場合もあるでしょう。

次ページの画像は、2023年6月19日に配信した「トヨタイムズニュース」のサムネイルです。トヨタ自動車会長の豊田章男さんが、最後の議長を務めた株主総会について取り上げた回。動画のタイトルは「議長・豊田章男が最後の株主総会で語ったこと」としています。

サムネイルを制作してくれたスタッフの最初の案では、画像に「株主総会2023豊田章男　最後の議長」と大きく入っていました。もちろん、間違っていません。そのままでもじゅうぶんよいサムネイルでした。でも、写真を見れば、章男さんが株主総会で議長をしていることはわかりますし、動画のタイトルと同じことを繰り返す必

トヨタイムズニュース「議長・豊田章男が最後の株主総会で語ったこと」

要はないと考えることもできます。それよりも、「ありがとう」のメッセージを伝えたいと思いました。章男さんはいつも「ありがとうと言い合える関係が理想だ」と言っています。この株主総会には、章男さんから株主へ、また、新体制の執行部への「ありがとう」の気持ちが込められています。株主から章男さんへの「ありがとう」、新執行部から章男さんへの「ありがとう」の気持ちもあります。ですから、思い切って「ありがとう」の一言だけを入れたサムネイルにしたのです。

これは一つの例ですが、サムネイル一つとっても「この言葉は本当に必要か？」をいつも考えています。

あれもこれも入れたいと思ってしまうのは、

メッセージが明確になっていないからかもしれません。できる限り要素を削る努力をしたとき、「これだけは入れたい」と思うものが強いメッセージとなります。きっと、相手にも伝わりやすい表現になるでしょう。

わからないことは素直に「わからない」と言う

100知って、1伝えるとは言っても、すべてがわかっているわけではありません。調べられていないこと、まだわかっていないこともたくさんあります。『報道ステーション』の現場中継では、メインキャスターの古舘伊知郎さんから想定外の質問が飛んでくることもよくありました。自分のもつ情報から答えられれば答えますが、わからないことについては素直に「わかりません」と言っていました。

「まだ調べがついていないのでわかりません。明日取材してまたお伝えします」

手持ちの情報から推測をして「〜ではないでしょうか」と言うことはできても、それが間違っていれば大変です。視聴者の信用を失ってしまいます。もちろん、万全を期していても間違えることはあります。それはお詫びするしかありません。ただ、わからないのに、適当なことを言ってごまかそうとしているのは伝わるものです。素直に「わからない」と言ったほうが信用してもらえます。

豊田章男の言葉の力

トヨタ自動車会長の豊田章男さんの言葉には力があります。講演や説明会で壇上から話しているときはもちろん、社員からの質問に答えているシーンなどでも金言と言えるような言葉がポンポン飛び出してくるのです。

章男さんの言葉に励まされた、目標ができたという人は多いですし、章男さんの言葉に感動して他社から転職してきたという人もいます。それだけ人を動かす力があるのです。

章男さんは、シンプルでわかりやすい言葉を使います。誰でもわかる言葉です。だからといって、誰でも言えるかというとそうではありません。**章男さんが現場を歩**

き、体感し、考え抜いたうえでの凝縮された言葉、それこそを「自分の言葉」として語っているから力があるのです。100どころか1000の情報を1に凝縮したような言葉です。

ただ、言葉としてはあまりにも簡単なので「子どもみたいなことを言うな」と批判されたこともあります。

2009年、戦後初めて赤字に陥っていたトヨタの社長に就任した章男さんは、作業着姿でこう言いました。

「もっといいクルマをつくろうよ」

大企業のトップらしからぬ、やさしい言葉です。でも、これを聞いてみんな思うはずです。もっといいクルマとは、どんなクルマなのか？　具体的に示されていないので、各自が考えなくてはなりません。章男さんはあえて、考えたくなる言葉を使ったのだそうです。

章男さんの考えをすべて言えば、聞き手はわかったつもりになれるでしょう。でも、「わかった」で終わってはダメなのです。聞き手が考え、動くことが大事であって、目的に向かって何かしらの影響があって初めて「伝わった」と言えるのです。

もちろん、章男さんが思う「いいクルマ」はありました。モータースポーツを起点としたクルマづくりのイメージです。モータースポーツの現場で真剣に向き合ってきた章男さんだからこそ、「車が故障したら直す、改善する」というのを繰り返して、車を鍛えていけるという深い実感があったんです。でも、それを明示するのではなく、社員一人ひとりに「いいクルマ」について考えてもらおうとしました。

その結果、いいクルマづくりが進みました。「2023−2024 日本カー・オブ・ザ・イヤー」を受賞した新型プリウスはもともと、燃費がよくエコなコモディティ車として考えられていました。章男さんの意向はそうだったのです。しかし、開発陣は「もっといいクルマにしたい」「お客様に愛されるクルマにしたい」と言って斬新でスポーティーなデザインの車を出してきました。妥協のない、かっこいい車です。世間をあっと驚かせる、「もっといいクルマ」ができたのです。

章男さんはこれを心から喜んでいました。自分の発想ではなく、開発チームの社員たちが考えて出した「いいクルマ」が答えだったのです。「彼ら（プリウス開発陣）の勝ちだ」という言い方もしていました。

「もっといいクルマをつくろうよ」の合言葉は、トヨタに確実に根付いていきました。2022年7月にワールドプレミア（お披露目会）された新型クラウンもそうです。「もっといいクルマづくり」を追求した結果、これまでとは違う新しい時代のクラウンができました。

長い間トヨタの基幹車種であり、お客様に愛されてきたクラウンも、16代目になります。章男さんは「徳川幕府の江戸時代も15代で幕を閉じている。なんとしてもクラウンの新しい時代をつくらなければならない」と言っていました。普通のモデルチェンジではなく、チャレンジが必要だということです。

開発チームは「もっといいクルマとしてのクラウンは、どんな姿をしているべきなのか」と悩んだそうです。自由であるがゆえに、難しいのです。そこで、「クラウンらしさとは何か」というところから考えていきました。過去のクラウン開発者の想いを紐解《ひもと》き、指針としたのです。

さらに、章男さんと開発チームは本音で「いいクルマ」について意見をぶつけ合いました。開発チームはクロスオーバーを出し、セダンを出し、さらに2種類。合計4種類もの新型クラウンを出してきました。章男さんは「調子にのって」という表現をしていましたが、本当に嬉しそうでした。「もっといいクルマとしてのクラウン」に、開発チームが回答の一つを出したのです。トヨタのフラッグシップであるクラウンは、フルラインなのです。

2024年1月、トヨタグループを率いるリーダーとして章男さんが発表したビジョンは、「次の道を発明しよう」。未来をあらわす「次」、もっといいクルマづくりの思想〝道が人を鍛え、クルマを鍛える〟の「道」、そして、創業者豊田佐吉が情熱をもって取り組んだ「発明」。3つの単語それぞれに、意味が込められています。発明への情熱を原点とした道に立ち戻り、同時に、未来への種まきや挑戦をし続けることが必要だという話とともに、このビジョンを提示しました。

「次の道」とはどのような道かわかりません。それをみんなで発明していくのです。これも簡単でありながら考えさせる、力のある言葉です。

私もまだまだ、章男さんの「伝える力」に学ばせてもらわなければなりません。

第4章

自分事として感じてもらうために

相手の役に立とうとするのが先で、聞くのは後

すでにお話ししたように、私の取材は「相手の役に立とうとする」スタンスでうまくいくようになりました。

まずは少しでも手伝えることを探し、手伝いながら相手との関係性を築き上げていきます。すると、自然に話をしてくれるようになり、結果的に取材ができるのです。しかも「ありがとう」と言ってもらえることが多くあります。私のほうこそ、「話を聞かせていただきありがとうございます」という気持ちなのに、喜んでもらえるのですからいいことずくめ。魔法のようだと思いました。

でも、よく考えてみれば、「相手の役に立とうとするのが先で、聞くのは後」が当然です。情報はタダだと思っている人もいるかもしれませんが、そうではありません。そこにしかない情報、その人しかもっていない貴重な情報には大きな価値があります。それを一方的に「教えてください」と言って聞き出そうとするのは虫のいい話です。

あちこち取材に行く中では、「取材お断り」という現場もありました。過去に取材を受けた際、取材者が聞きたいことだけ聞き、お礼も言わずに帰っていったという経験があるからです。

ある被災地にフィールドリポートに行くと、地元の人たちは取材を断っていました。ところが、「富川さんなら、いいですよ」。そう言ってくれたのは、過去に似た被害があった際に、取材に来ていた私のことを覚えていてくれたからでした。復旧のために動いている人たちを見て、「さぞ空腹だろう」と思った私はおにぎり等の差し入れをし、自分にもできることを見つけて手伝いました。

ほんのちょっとしたことです。このくらいしかできず、申し訳ないと思ったくらいです。でも、それを覚えていてくれたのです。

こうして、フィールドリポートで全国を飛び回っているうちに、全国に私を応援してくれる人が増えていきました。

こうなると取材のハードルはどんどん下がっていきます。初対面の人でも、噂を聞きつけて「富川さんなら」と言って話をしてくれるようになります。

効率が悪いと思っても、急がば回れ

取材中は、徹底的に相手に寄り添うつもりでいいと思います。

ただ、そうは言っても難しい……という声が聞こえてきそうです。

役に立つことを探して実行するのに時間がかかりすぎてしまう。期限までに成果物をつくる必要があるのだから、もっと効率よく情報を得たい。そう思う人もいるでしょう。

『報道ステーション』は夜の報道番組だったので、昼間の取材に比較的時間をとれるというアドバンテージがあったのは確かです。とはいえ、時間は限られています。いくらでも時間をかけていいというわけではありません。

ですから、徹底的に相手に寄り添うスタンスは保持しながら、同時に、番組で放映する内容と構成を考え、必要な素材を集めていきます。どちらか一方の姿勢に決めてしまうのではなく、同時にやります。

効率が悪いように思っても、「急がば回れ」です。丁寧に回り道をしていると、焦《あせ》って集めた素材よりもはるかに深い内容のものが集められます。

2016年に熊本地震が起きたとき、民家の被害の様子を取材していました。ある家に、避難所から一時帰宅しているおばあちゃんがいました。家の中はぐちゃぐちゃで足の踏み場もない状態です。地震のあった日の様子などをお聞きしたあと、カメラクルーには周辺の様子を撮影しておいてもらうよう頼みました。VTRにインサート（挿入）映像として使えるものが必要だったからです。

おばあちゃんの名前は八重子《やえこ》さんといいます。八重子さんに「いま何かお困りのことはないですか」と聞きました。

「それがねぇ……」

八重子さんは入れ歯がなくて困っていました。避難所で食事が配られても、八重子さんは食べることができません。もう何日も水を飲むことしかできず、入れ歯を探すために家に戻っては、見つからないまま避難所に帰ることを繰り返していたそうです。

「でも、こんなにめちゃくちゃな状態だから。いくら探しても見つからないの」

熊本地震後の取材中に訪れた八重子さんの家。食器は割れ、物が散乱して足の踏み場もない状態でした

入れ歯が見つかり、「命の恩人」と言ってくれた八重子さんと一緒に

私は一緒に入れ歯を探し始めました。

「あった！　あったよ、八重子さん！」

私は入れ歯を見つけることができました。かなり汚れてしまっていましたが、水道は止まっているので、水を出すことができません。でも、私はちょうどペットボトルの水を持っていました。

「ちょっと待ってね」

ペットボトルの水で入れ歯を洗って渡すと、八重子さんは涙を流して喜びました。「あなたは命の恩人です」。私もとても嬉しくて、八重子さんと握手をして二人で喜んでいたのです。

実はそのシーンを、少し離れたところからカメラマンが撮影してくれていました。周辺を撮影したあと、私が何かやっているのに気づいて撮りに来たのでしょう。私は入れ歯探しに夢中だったので気づきませんでした。

結果的にこれがVTRの素材となり、大きな反響を得たのです。私たちは避難所の食べ物の心配はしていましたが、入れ歯がこれほど重要なのだということに気づいていませんでした。八重子さんがそれを教えてくれたわけです。

八重子さんにはそれから何度も「命の恩人」と言われ、感謝されました。こうしたことが起こるのも、効率にとらわれずに相手に寄り添うスタンスでいたからだと思うのです。

それから、何も言わずにカメラを回してくれていた仲間のおかげでもあります。

時間が足りない場合は、人の助けを借りるというのも大事ですね。

大きな目的を伝えて、相手を巻き込む

相手に寄り添う姿勢も大事ですが、ときには、巻き込むことも必要です。寄り添いつつ、巻き込むという感じでしょうか。その際は、相手にも関係がある「大きな目的」を伝えることです。

フィールドリポートでは、事件現場の近隣にある会社や店舗などに取材の交渉をすることもあります。ディレクターなど他のメンバーが交渉することもありますが、私は現場での経験が長いこともあって、もっとも多くの交渉をしていたと思います。

2015年、大阪府寝屋川《ねやがわ》市で中学1年生の男女が誘拐され殺害されるという、凄《せい》惨《さん》な事件が起きました。私は連日、事件現場の取材と中継を行っていました。知れば知るほど辛く、二度とこのような事件が起こらないでほしいと痛切に感じていました。

被害者となった少女の遺体が見つかった駐車場へ行ったとき、私は手がかりを探すため、近くにあった会社を訪ねました。その会社の防犯カメラがちょうど駐車場に向

いており、何か映っているかもしれないと思ったのです。私はその会社の社長に交渉しました。当初、社長は取材を断っていました。遺棄現場付近には報道陣がつめかけてウロウロしており、仕事の邪魔になっていました。そのうえ取材に応じたら、仕事になりません。

私は「こんなに辛い事件が二度と起こらないよう、私たちは真実を少しでも明らかにし、それを伝えたいと思っています」という想いとともに、取材の状況をお話ししました。そして、「お時間を取ってしまうのは申し訳ないのですが、報道を通じて少しでもこれからの社会をよくするために、ぜひともご協力いただきたいのです」とお願いすると、了承してくれました。それどころか、積極的に協力してくれるようになったのです。

社長は私を会社の中に入れてくれました。そして、一緒に防犯カメラの映像をチェックしてくれたのです。推定時刻の前後の映像を探し、画面に映して見ていきました。

「あ！」

車がすーっと駐車場に入ってきて、いったん停まり、切り返して出ていくのを見つけました。離れたところからなので、よく見ないとわからないくらいでしたが、映っていたのです。
番組で防犯カメラの映像を流したあと、他の番組の取材班が次々にその会社にやって来ました。私は会社に上がり込んでいたので、社長から「富川さん、取材の対応お願いします」と言われ、私が取材対応を仕切ることになってしまいました。社長を巻き込んだのは私ですから、もちろんやらせていただきました。その後、社長とは一緒に食事をする仲になり、いまだにつながっています。

メディア取材を断る気持ちはよくわかります。聞きたいことだけ聞いてお礼も言わない取材者の話を前述しましたが、それだけが理由ではありません。取材に応じるのには時間も取られますし、近隣の目なども気になるでしょう。応じたら損だと思うかもしれません。

でも、「二度と同じような事件・事故が起きてほしくない」という想いは多くの人がもっています。「事実を明らかにして伝え、社会をよりよくする」のが報道の使命です。そのためにあなたの力が必要なのだと真剣に伝えれば、わかってくれる人は多いのです。

相手に関係のある話をして、巻き込む

人は皆、自分のことに興味があります。世界のどこかで他人が何をしていようと、自分には関係ないと思えば知ろうと思わないし、逆に、自分に関係があることなら「もっと知りたい」と思うものです。

話を聞いてもらいたければ、「あなたに関係がありますよ」と示すことが大事です。

新商品のプレゼンをするとしましょう。

「あなたはこういうことで、困ったことはないですか？」「あなたは、こういうものがあったらいいなと思ったことはありませんか？」

聞き手に問いかけて、答えてもらいながら進めるのもいいと思います。事前に聞き手のことを調べておき、聞き手と企画の接点を見つけると巻き込みやすくなります。

たとえば、GPS機能やメッセージ送受信機能つきの防犯ブザーのようなものだったとすると、「災害があって家族が離れ離れになって連絡がつかないとき、どうするか決めていますか？　○○さんのお子さんは確か小学生でしたよね。まだスマホを持

っておらず連絡手段がないとすると心配ですよね」というように、聞き手が自分事にできるような話をします。

そのうえで「実は、アンケートでも○%の人が、災害時に連絡がつかなくなることが不安だと答えています」のようにデータや根拠を付け加えるとよりいいですね。

企画の背景は、巻き込みどころの一つです。

「こういう困り事を解決するために、この商品を開発しました」と話し始めると、聞き手は「たくさんの商品の中の一つ」として聞き流してしまうかもしれません。でも、いったん自分に関係のあることだと思うと、「もっと知りたい」姿勢になるのです。

そのほか、「大きな目的を伝えて、相手を巻き込む」と前項でお話ししたように、よりよい未来を伝えるのも巻き込むポイントです。

「この新商品で、防犯と災害時の連絡ができるようになり、家族の安心をつくることができます！」

「メイドインジャパンの○○が世界を席巻する未来も近いでしょう。それを我々がつくるのです」

一緒によい未来をつくるのだと伝えて、相手にとっての「自分事」にしてしまいましょう。

臨場感を意識して、巻き込む

私はフィールドリポートでも、常に「自分事にしてもらうにはどうしたらいいか」を考えていました。

視聴者は、単に興味から「知りたい」と思って見てくれているかもしれません。でも、事件・事故・災害をマスメディアで報道する意味は、それだけではないのです。一人ひとりが自分事としてとらえ、できることをやっていくのが理想だと思っています。遠く離れた場所の事故でも、身の回りで同じ事故が起きないように気をつけようと考え、行動することができるでしょう。遠く離れた場所の災害を見て、時間やお金に余裕のある人はボランティアで助けに行ったり、寄付したりすることもできます。

自分事としてとらえる人が多くなれば、社会はよくなっていくに違いありません。

フィールドリポートをする中で、視聴者に自分事のように感じてもらうためには、臨場感が大事でした。視聴者にも現場にいるような気持ちになってもらいたいのです。五感を使い、身体を使い、リアルな表現を工夫していました。現場を一緒に歩いている感じを出すために、歩きながら喋ってカメラについてきてもらうのはよくやっていた手法です。

会議室やセミナー会場など、同じ場にいる人に向けて伝えるなら、「実際に体験してもらう」のはいい方法です。新商品を使ってみてもらう、コンテンツの一部を実際に見てもらうなどです。

より自分事として聞いてもらえるよう、臨場感を出す工夫を考えてみてはどうでしょうか。

臨場感を出す工夫

□ 五感を使って伝える

□身体を使って伝える
□現場の情景を伝える
□体験してもらう

印象に残る自己PRの話し方

就職活動、転職活動に必ずといっていいほど必要なのが自己PRです。自分のアピールポイントをいかに相手に伝えるか。自分でいくら「すごい」と言っても、相手の興味のないことだったらまったく自己PRになりません。オフィス勤務なのに「車の運転が得意です！」と力説しても効果があるはずがありませんよね。相手が求めているものを理解して、それに合致するものを提示しなければなりません。

そのうえで、臨場感のある話をして相手を巻き込めば、印象に残る自己PRになるでしょう。

私は1997年に、アナウンサーになるため各テレビ局の就職試験を受けました。

ある局で、本試験の前に行われたアナウンスセミナーに参加したとき、私は愕然《がくぜん》としてしまいました。書類選考を通過した100名ほどが参加しているセミナーだったのですが、みんな喋りがうまい。セミナーの中で、「じゃあこの原稿を読んでみてください」とか「リポートしてみてください」と言われ、みんな上手にやるのです。聞いてみると、アナウンススクールに通って訓練している人がほとんどなんですね。私は大学でスポーツばかりやっていて、アナウンサーの勉強などしたことがありません。たどたどしい喋りを披露して、怒られました。いまは違うと思いますが、当時は「ヘタクソ！　放送ごっこじゃないんだよ！」とか怒鳴られるんです。

ああ、これは無理だと思いました。上手な話し方の訓練をしている人たちにかなうわけがありません。ただでさえ緊張しているのに、より緊張が増して逃げ出したいくらいです。それでかえって、「やるしかない」状況に追い込まれました。

ここで自分はどう戦うのか。「そもそもアナウンサーとは？」というところから考えてみることにしました。

私がそのとき考えたのは、アナウンサーは「いまを切り取って伝える人である」ということです。それなら、自己ＰＲもいまを切り取って伝えようと思ったのです。

自己PRというと、ほとんどの人はあらかじめ考えた内容を、上手に話して伝えようとします。実際、アナウンサー試験では、素晴らしい内容の自己PRをきれいに話している人たちを見ました。

私は同じことをしても勝てないので、「私のいま」を話しながら、面接官たちと場を共有するようにしたのです。

「実は今日、寝坊してしまいました。家から駅までは徒歩で12分、自転車でどんなに頑張っても6分はかかります。でも、家を出ようとしたとき、電車の時間まで4分しかありませんでした」

こんなふうに、当日の寝坊について話した日もあります。あるテレビ局のカメラテストの日でした。まさに、その日にあった出来事です。どうすれば間に合うか頭をフル回転させて考え、快速の止まる駅へダッシュしてことなきを得たという話をしました。いま面接官の前にいるのですから、間に合ったことはわかるわけですが「それでどうした？　どうやって間に合わせた？」と面白がってくれました。

「寝坊したわりに、髪型や服装がちゃんとしているね」と面接官の一人が言ってくれたので、私はカメラに寄っていき、カメラ目線で「カメラ映りが命ですから」。その場の方々は大爆笑。「ぜひうちの会社に来てくれないか」と声をかけていただくに至ったのです。

他にも、「昨日、彼女にふられてしまいました……」という話をしたときもありました。内容はなんであれ、毎回、リアルな富川悠太ニュースを伝えることで自己PRにしたのです。「私の長所は○○です」から始まるような、完成された自己PRを聞くのに飽きていた方々に、「面白いヤツが来た！」と思ってもらえました。あとから聞くと、局の中で話題になっていたそうです。

いまならよくわかるのですが、どんなに聞きやすい話し方をしていたとしても、しょせんは学生、プロから見たらたいしたことはありません。それよりも、その場で求められていることを感じ取って話を展開するなど、臨機応変に話せるほうがはるかに印象に残るのです。

私と同じように人見知りで緊張する人もいると思いますが、考え方を変えるとそれは**「周りをよく見ている」ということです。だからこそ臨機応変にできるのだ**と考えて、思い切って自分の壁を乗り越えてみると、いい評価が得られるのではないでしょうか。

トークショー形式で、巻き込む

企業の「年頭挨拶」は、経営者が壇上に立って新年の挨拶とともに会社のビジョンや目標について語るものです。トップが社員に向けてメッセージを伝える大事な機会の一つだと思います。ただ、残念ながら、形式的に行っているだけで社員もさほど真剣に聴いておらず、すぐに忘れてしまう……というケースは多いのではないでしょうか。

2023年トヨタの年頭挨拶は、当時社長だった章男さんが「『サラリーマン』という仕事はありません。皆さんの仕事は『クルマ屋』です。トヨタの思想と技と所作を身につけた、町いちばんの『クルマ屋』を目指して、努力を続けてほしいと思います」というメッセージを伝えたあと、社員からの質問コーナーが始まりました。

「私はこれまで40年間モノづくりの部署にいましたが、今年から人を育てる部署に行きます。社長は相手を引き込む力をもっていらっしゃると思うのですが、その秘訣《ひけつ》を教えてください」

「僕は先日、成人式に行ってきました。社長の20歳のときのエピソードを教えてください」

「社長は周りから考えや意見を問われる機会が多いと思いますが、逆に、社員に何を問いたいと思われますか」

「小さな部署をまとめている中でも、みんなが何を思っているのだろうか、大勢がどう感じているのだろうかと迷うことがあります。社長はもっと大きな世界で発言等をされていますが、どうやってサイレントマジョリティの想いをつかんでいらっしゃいますか」

質問を投げかけた社員の想いをくみ取りながら、章男さんが答え、質問し、また社員が応じる活気あふれる場になりました。背筋が伸びる話もありながら、しばしば笑いも起こるという新年にふさわしい会でした。

2023年4月、新体制となってからの方針説明会も、佐藤恒治《こうじ》社長をはじめ経営陣に社員が疑問をぶつけるというトークショー形式が受け継がれています。

会社の規模が大きくなるほど、経営陣と社員との間には目に見えない溝ができてしまうもの。コミュニケーションが取りにくくなるからです。溝が深くなれば、企業としての大事なメッセージも、社員に届かなくなってしまいます。

社員にとって、日ごろ思っていることを社長に伝えられるのは嬉しいことですし、経営陣にとっても社員の考えを知ることができるのはプラスです。


年頭挨拶では登壇者と聴衆である社員との間でコミュニケーションが生じるトークショーでしたが、複数の登壇者が対談するかたちの説明会等もよく行っています。

どちらも、ライブ感が強いというのでしょうか。繰り広げられる会話によってどのように進行するかわからない面白さがあります。登壇者、参加者だけでなく、その場に居合わせた人は、「場を共有している」感覚が強くなるはずです。

セミナーや研修等では、参加者に発表してもらうなど、積極的に参加してもらう仕組みをつくることは多いと思います。講師の話をただ聴いているだけよりも、手や口を動かして参加できたほうが記憶に残りやすく、満足度も高いようです。

経営者からのメッセージを伝える際も、同じです。

大企業の年頭挨拶のような場でも、聞き手を巻き込むような工夫はできるということなのです。

一緒に伝えてくれる人は誰か

講演などで人々の前に立って話すような場合から、会議で報告をするといった小さな「伝える」まで、よく考えてみると、自分一人で伝えているわけではないと思います。たとえば資料作成を手伝ってくれた人。スライドの投影をしてくれている人。司会進行をしてくれている人や、その場をセッティングしてくれた人などがいて、初めて伝えることができているはずです。

一緒に伝えてくれている人に感謝し、少しでも仕事をしやすいように配慮をするのは大事なことです。

「準備をありがとうございます」

「司会をありがとうございます」

感謝の言葉を伝えるのはもちろんのこと、何か手伝えることがあれば手伝い、お互いに「一緒に伝えるのだ」という気持ちをもてるようにするといいと思います。

リポーターの仕事では、私がカメラの前に立って喋るわけですが、一緒に伝えてくれている人たちがいます。ディレクター、カメラマン、音声さん、それから現地に行くために車を運転してくれる人などです。私は、一緒に伝えてくれるメンバーが少しでも仕事がしやすいようにという気持ちで、カメラのケーブルを巻くのを手伝ったり、スイーツの差し入れをしたりしていました（「一日一スイーツ」と呼んで、メンバーに配っていました）。

予算内で可能な限りいい宿泊先を探して予約するのも、私です。ハードなスケジュールだから、温泉で癒やされるといいなぁなどと思いながら宿を探します。これが意外なようで、「えっ、そんなことまでやっているの？」と驚かれたことが何度もあります。

リポーターはあまりそういう雑用をしないと思われているのかもしれません。しっかり取材してわかりやすく喋ることを期待されていますから、そちらに集中したほうがいいという考えもわかります。

でも、私がやっていたことは、たいして時間もかかりません。本当にちょっとしたことですし、自分自身が楽しんでいるところもあります。

それによって、チームで伝える気持ちが醸成されるのですから、やらない手はない

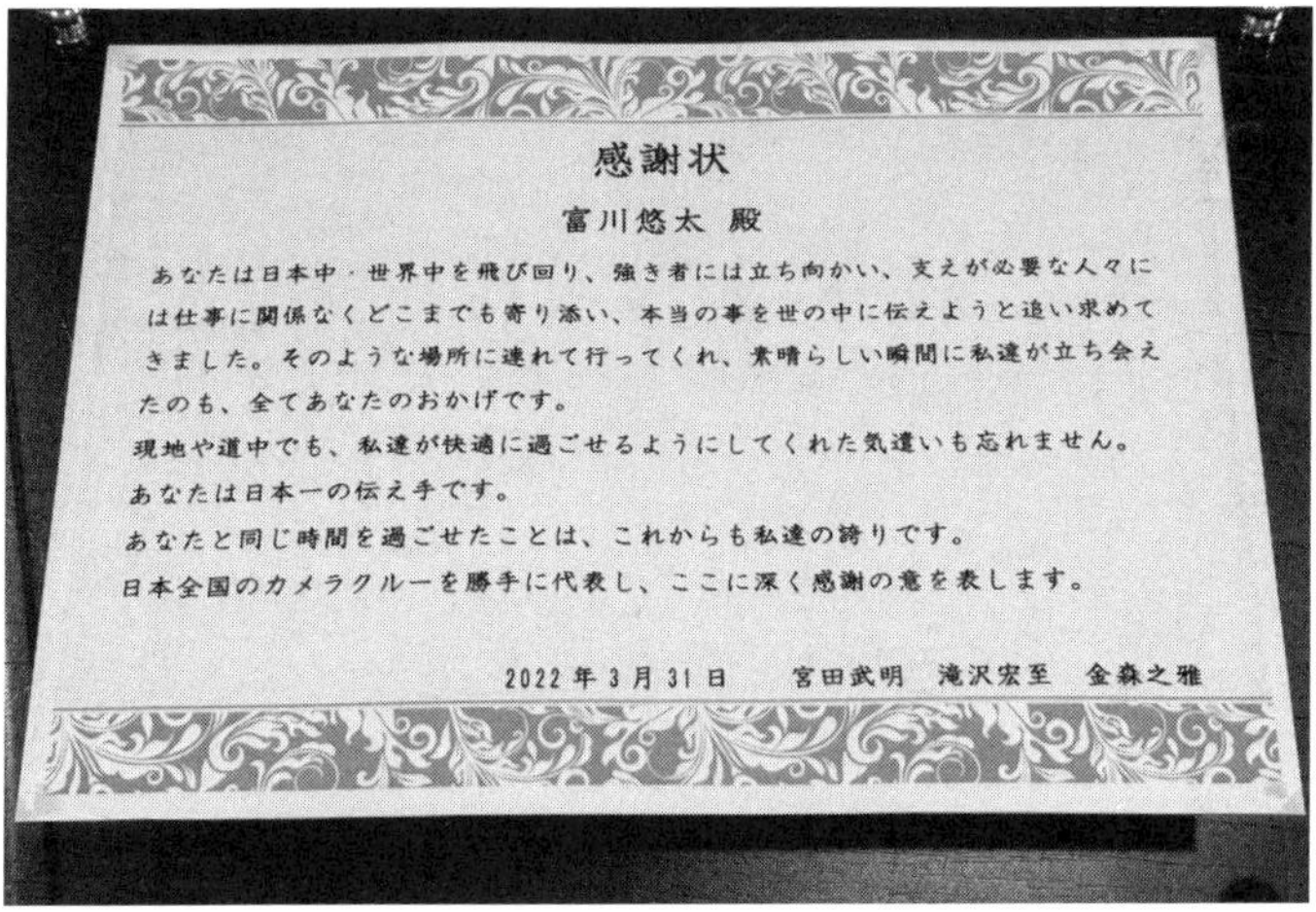

感謝状

富川悠太 殿

あなたは日本中・世界中を飛び回り、強き者には立ち向かい、支えが必要な人々には仕事に関係なくどこまでも寄り添い、本当の事を世の中に伝えようと追い求めてきました。そのような場所に連れて行ってくれ、素晴らしい瞬間に私達が立ち会えたのも、全てあなたのおかげです。

現地や道中でも、私達が快適に過ごせるようにしてくれた気遣いも忘れません。

あなたは日本一の伝え手です。

あなたと同じ時間を過ごせたことは、これからも私達の誇りです。

日本全国のカメラクルーを勝手に代表し、ここに深く感謝の意を表します。

2022年3月31日　宮田武明　滝沢宏至　金森之雅

テレビ朝日を退社するときに、これまで一緒に伝えてくれていた仲間たちからいただいた感謝状

と思うのです。仲間たちも私自身も、気持ちよく伝えることができていたと思います。

もしあなたに何か伝える場面があるのなら、一緒に伝えてくれる人は誰なのか考えてみてください。そして、その人たちに対してできることを、ちょっとしたことでいいので見つけてみてください。

それがめぐりめぐって、気持ちよく伝えられる環境をつくることになるのです。

相手の聞く姿勢をつくる

伝えるタイミングも大事です。相手が聞く耳をもっていない状態では、いくら話をしても伝わりません。テレビを見ているご主人に、奥さんが「明日は粗大ごみの日だから、朝忘れずに出していってね」と言い、「はい」と返事をもらったとしても、伝わっているかどうかはあやしいでしょう。

同じように、何か他のことをやっている部下に「これこれの仕事をいつまでにやっておいて」と指示しても伝わりません。伝えたいことがあるときは、相手の聞く姿勢をつくる必要があります。

「いまちょっといい？（○○の件で）お願いがあるんだけど」

どういうことを伝えたいと思っているのか予告をし、そのための時間がもらえるかどうかを確認するのが基本です。

相手に「いまからこういう話を聞く」という心づもりをしてもらうのです。

電話で何か伝える場合は、ＬＩＮＥなどのテキストチャットで「○○の件で電話で話したいのだけど、15時頃はどう?」と予告しておくと、相手は心づもりができます。予期せず電話を受けた人は、そのときやっていることを中断し、突然の話についていかなければならないことがほとんどです。すぐに切り替えられないこともあります。

いきなり話し始めるのではなく、相手の聞く姿勢をつくってから話し始めるのがおすすめです。

ネガティブな内容の伝え方

「ここができていない」

「これを直してほしい」

相手にダメ出しをするときや、ネガティブフィードバックをするときは、いいところを褒めることから始めます。

「この部分がよくなったね。工夫してくれているのがわかって嬉しかったよ、ありがとう。次はここなんだけど……」

まず認めることで、相手は聞く姿勢になることができます。いきなり「ここがダメ」と言われても、受け入れがたいのが人の心理ですよね。「そんなこと急に言われても」「だって、そこまで言ってなかったじゃん」など、心の中では文句や言い訳を唱えてしまうものです。そういう状態の人にとくとくと説教したとしても、伝わらないでしょう。

アナウンサーの後輩にアドバイスをする際は、必ず褒めて認めてから改善点を伝えるようにしていました。「これができていてよかったから、次はこれだね」とさらによくするポイントとして伝えます。

番組の編集等にしても、見た瞬間「もっとこうしたほうがいい」と思ったとしても、まずは「想いをくみ取ってくださり、ありがとうございます。この部分がいいですね！」と伝えてから、「さらにこうするとよくなると思うのですけど……」と改善点を伝えます。

「言っても直らない」「アドバイスが無視される」と思っている人は、まず認める言葉から始めるだけでスムーズに伝わるようになりますので、ぜひ試してほしいと思います。

最終的にどう感じるかは、相手にゆだねる

何か伝えたいことがあるときは、メッセージを一つ決めておきます。

自分でも何が言いたいのかわからない、伝えたいことがハッキリしないという場合は、いったん整理をしてメッセージを見つける作業が必要でしょう。伝えたいと思ったのなら、何かあるはずです。モヤモヤしている状態で言語化できていないのなら、105ページでお話ししたように自分自身に取材してみてください。

メッセージを決めたうえで、どう伝えるか考えていきます。これまでお話ししたように、相手の目線になることが大事です。

最大限伝える努力はしますが、最終的にどう感じるかは相手次第です。「こう感じなさい」と強制することはできません。当たり前ですね。でも、つい忘れてしまうので肝に銘じておきたいことです。

私が企画した番組が、日本民間放送連盟賞のテレビ教養番組部門で優秀賞をいただ

いたことがあります。２０１４年12月に放映された『笑顔の約束～難病ＡＬＳを生きる～』というドキュメンタリー番組です。この番組をつくったときほど、「最終的にどう感じるかは相手にゆだねるしかない」と思ったことはありません。

ＡＬＳ（筋萎縮性側索硬化症）とは、筋肉を動かす神経に障害が起こり、その結果、筋肉が縮んで徐々に身体が動かなくなっていく病気です。原因はわかっておらず、治療法も確立していません。

このドキュメンタリー番組に出演し、闘病の様子を見せてくれていたのは、実は私のいとこでした。

いとこの富川睦美（むっちゃん）の病気がわかったのは２００８年。いまは多くの人に認知されているＡＬＳも、当時はほとんど知られていませんでした。むっちゃんが闘病生活を余儀なくされたとき、本音を言うと「大好きなむっちゃんをどうにかして助けたい。生きてほしい」、それだけでした。

何とか新しい治療法が見つからないだろうかと調べても、希望は見つかりません。自分にできることを考えたとき、メディアを通じて多くの人に知ってもらうことしかありませんでした。むっちゃんだけではなく、日本だけでもＡＬＳに苦しむ人は約１

万人もいます。もっと多くの人に知ってもらえば、この難病の研究も進むかもしれません。

ただ、むっちゃんのドキュメンタリーを撮ることには大きな葛藤がありました。闘病の様子を伝えるためには、むっちゃんのプライベートをさらけ出す必要があります。しかも、だんだん動けなくなっていき、苦しむ姿を見せるのです。私はむっちゃんに想いを伝え、何度も話し合いました。むっちゃんは「これも自分の使命だから、撮ってほしい」と言いました。「伝えることが、将来の治療法の確立につながると信じよう」。私たちはそう言って、撮影に踏み切りました。

繰り返しになりますが、私の想いは「生きてほしい」ということでした。さまざまな現場で人の死と遺《のこ》された人たちを見てきた私は、とにかく「死んでほしくない、生きてほしい。そのために何かできないか」という想いで頭がいっぱいでした。番組を通じて、視聴者にもそう思ってほしいという気持ちがあったのです。

でも、ALSの取材を続けるうちに、それは結局エゴであることに気づきました。現在のところALSの闘病でもっとも大きな選択の一つは「人工呼吸器をつけるか否《いな》か」です。筋肉が動かなくなってくると呼吸ができなくなるため、人工呼吸器をつけなければそのまま死に向かうしかありません。しかも病気の進行は早く、3〜4年の間に決断しなければならないのです。

むっちゃんは「人工呼吸器をつけない」選択をしました。

「私は結婚もしていないし、子どももいない。高齢の両親に負担をかけ続けたくないから、私はとにかく与えられた命をまっとうすることにする」

私はむっちゃんに少しでも長く生きてほしいと思って取材を始めたのに、それは叶いませんでした。むっちゃんは2014年8月に46歳でこの世を去りました。

一方、取材の中で出会った武藤将胤《まさたね》さんは、人工呼吸器をつけて寿命を延ばす選択をしました。自分がALS患者だからできることがあるはずだと言って、ALSの闘病生活をよくする方法を探し、挑戦し続けています。身体が動かせなくても着やすくてかっこいい服をデザインしたり、視線入力ができるメガネを開発したり。視線で意思を伝えるだけでなく、作曲をしてライブパフォーマンスを行うほどクリエイティブな活動をしています。少し前にお会いしたときは、脳波で義手を動かす実験に取り組んでいました。最先端のテクノロジーを使って、表現の可能性を切り拓いているので

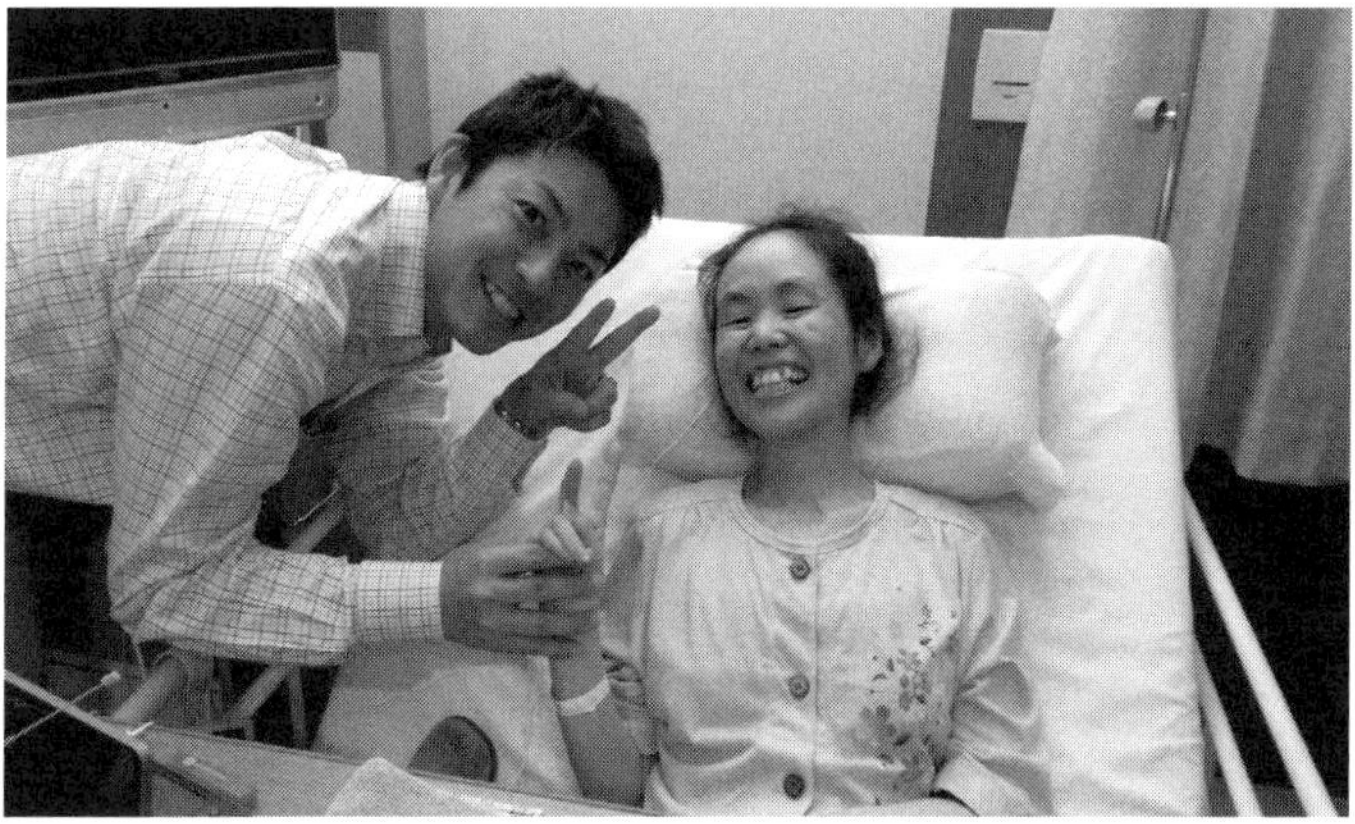

将来、難病ＡＬＳの研究が進み、治療法が確立されますように……。笑顔のむっちゃんと撮影

す。

どちらもかけがえのないその人の選択です。すべての人の選択を尊重しなければならないと感じました。

では、その「命の選択」についてどう伝えればいいのだろう。私はとても悩みました。むっちゃんは偉大なことを成し遂げたと思うけれど、死を受け入れる選択を美化することはできません。ありのままを伝えて、視聴者にゆだねるほかないのです。私は、自分の気持ちとたたかいながら、ただ事実を伝えるようにしました。

そして、「命の選択」自体が番組の一つのメッセージにもなっていきました。おかげさまで番組の反響は大きく、賞をいただいたのはお話しした通りです。もちろん賞のために番組を制作したわけではありませんが、注目してもらえたことによってALSの認知には貢献できたのではないかと思います。


「こう思ってほしい」

「こういう決断・行動をしてほしい」

私たちは、そういう気持ちがあるから「伝えたい」と強く思います。でも、感じ方を押しつけることはできません。こちらの意図と違う受け取り方をした人がいたとき、その人が間違っているのかというと、そんなことはないのです。それがその人の正解です。最終的にどう受け取るのか、どう感じるのかは相手にゆだねるしかないのです。

かといって、何も考えずにありのままを伝えればいいというものでもありません。それでは何も伝わらないでしょう。最初から相手にゆだねるのではなく、伝えたいメッセージは込めつつ、最終的にどう感じるかは、相手にゆだねるという姿勢がとても大事だと思います。

ネガティブな反応をどう受け止めるか

とくに不特定多数の人に伝える場合、批判やネガティブな反応が怖くて伝えるのを躊躇してしまう人もいるかもしれません。批判、炎上、怖いですよね。私も怖いです。

キャスター時代、番組に寄せられたメッセージは、よい感想も悪い感想も目を通すようにしていました。「なるほど、こうすればよくなりそうだな」と思うものもありましたし、貴重なご意見として受け止める努力をしてきました。しかし、ときには誹《ひ》謗中傷《ぼうちゅうしょう》とも言えるコメントに心が折れそうになったのも事実です。コロナに感染してメインキャスターができなくなったときは、大量のお叱りのメッセージを読み切れなくなってしまいました。

それ以来、すべてのメッセージに目を通すことはしていません。

近年、SNSでの誹謗中傷によって命を絶つ人もいます。私たちは、言葉がどれだけ人を傷つけるのかを知っておく必要があると同時に、自分の心も守らなければならないでしょう。ネガティブな反応にまともに向き合っていては心が壊れてしまいます。

ネガティブなコメントは目立つので、「みんなが批判している」と思いそうになります。でも、絶対にそんなことはありません。応援してくれている人のほうがはるかに多いのです。「サイレントマジョリティ」という言葉があるように、大多数の人は発言をせずにいます。わざわざメッセージを送ったりコメントをしたりする人は少数派です。「こういう意見の人もいるのだな」と思って、無視はせずとも真に受けないのが一番です。

批判が怖くて、伝えられないとすれば、それは本当にもったいないことです。どんなにいいことを言っても批判をする人は必ずいるのですから、必要以上に気にしても仕方ありません。それよりも「伝えたい気持ち」を大事にしてほしいと思います。見てくれている人は必ずいます。共感してくれる人、応援してくれる人の言葉を原動力にして、前進していきましょう。

第5章

伝える技術を磨く

早めに句点を打つ

私たちは、話の内容に自信がないときほど「～ですが、～で、～だから、～で……」となかなか句点を打たずに話を続けてしまいがちです。心理的に、言い切ることが難しいのでしょう。

一方、たとえ自信がなくても「～です。しかし、～です。～だからです」のように一文一文を短めに言い切ると、自信があるように聞こえます。堂々としている印象になります。

ビジネスにおいて、「自信がなさそう」に見えるのはマイナスです。せっかく内容がよくても、自信がなさそうに見えるばかりに評価が下がってはもったいないですから、一文を短くする意識はもっといいと思います。

そしてもちろん、一文は短くしたほうがわかりやすくなります。

「先日お伝えした新商品のAについてなんですが、原材料の一部が手に入らない状況になってしまいまして、デザインの変更などをした関係で、お待たせして大変申し訳ないんですが、当初の予定より発売日が遅れそうで、スケジュールを社内で検討中なんですが、わかり次第すぐにお知らせしますので……」

これでは「いったい何が言いたいんだ！」と聞いているほうはイライラしてしまうのではないでしょうか。

一般的に一文が長いほど聞き手の負担が増えます。覚えておくべき言葉が増えるからです。話すほうも、長く話しているうちに混乱してしまい、結局、何が言いたいのかわからなくなってしまうことがよくあります。

聞き手の負担を減らすには、早めに句点を打つ意識をもってください。それだけでもかなり違います。

「先日お伝えした新商品のAについてですが、原材料の一部が手に入らない状況になってしまいました。デザインの変更などをしたためです。お待たせして大変申し訳ありませんが、当初の予定より発売日が遅れそうです。スケジュールは現在社内で検討中です。わかり次第すぐにお知らせします」

これでもまだ、聞き手の負担がありますね。最後のほうまで聞かないと趣旨がわからないからです。聞き手の負担を減らすには、最初に何の話なのかを伝えるといいでしょう。

「新商品のAは、発売日が当初より遅れることになってしまいました。原材料の一部が手に入らず、デザインの変更などをしたためです。お待たせして大変申し訳ありません。スケジュールは現在社内で検討中です。わかり次第すぐにお知らせします」

これならわかりやすく、かつ、堂々としていて安心感もあるのではないでしょうか。

本章では、私が伝えるうえで大切にしている実務的なスキルについてお話しします。

編集点を意識する

「早めに句点を打つ」を、さらにレベルアップさせてみましょう。編集点をイメージして話すと、とてもわかりやすくなります。編集点とは、動画等の編集をするときにカットやつなぎをするための間のことです。

重要な箇所を話すときは、そこだけ切り出してもわかるように、短く、必要十分な情報を入れます。文章なら、タイトルになる部分や、太字になる部分というイメージです。

先ほどの例でいうと「新商品Aの発売日が、当初の予定より遅れます」という部分です。前後にダラダラと言葉をつなげず、明確に言い切ることで編集点ができます。

これまで話してきたことを、「つまり、〜ということです」と短くまとめるのもよい編集点になります。ビジネス書などで、項目の最後に要点がまとめられていることがありますね。コンパクトに復習できる言葉が、理解の助けになります。

話題を切り替える際は、少し間をあけて「次の話題です」「さて〜」のように、ここで切り替わるというのがわかるような合図を入れます。

ダラダラと話し続けるのではなく、意識して区切りをつくっていくことで、わかりやすくするのです。

テレビでは、たくさん喋っても編集で丸ごとカットされてしまうということがあります。せっかくの面白い内容であっても、全体を聞かないとわからない伝え方では切り取りにくいのです。一方、コンパクトに切り取ったときによくわかる伝え方をしているものは、番組紹介で使われたり、何度も引用されたりします。

私は新人の頃、バラエティ番組等で自分が喋ったものが番組でなかなか使われず悩んでいましたが、編集点を意識するようになってから一気に使われるようになりました。

とくに、テレビでは映像がありますから、映像とセットで切り取りやすいように意識していました。映像を見たらわかる言葉は省き、最低限必要な言葉に絞って言い切るようにします。報道番組のロケでも、同じように編集点を意識した喋り方をしていたので、ディレクターによく「つなぎやすかった」と言ってもらえていました。

このように「編集点を意識した話し方」は俯瞰する視点をもつことで、行いやすくなるでしょう。

伝えたい言葉を強調する

重要な箇所の前後に間をあけるのは、強調のテクニックの一つです。とくに伝えたい部分は、一呼吸置いてから言うと印象に残りやすくなります。

人は、よほど興味のある内容でなければ、話を聞いているつもりでも集中力が切れてしまうものです。単調な話し方では、伝わるものも伝わりません。


もっとも簡単な強調の仕方は、声に強弱や緩急をつけることです。

「いいコーヒー豆を見つけました。苦味や酸味がほどよく、バランスのいい豆です。実はこれ、日本で穫《と》れたんです。驚きですよね。日本でも、こんなにおいしいコーヒー豆がつくられるようになったんです。なぜ日本でおいしいコーヒー豆が栽培できたのかというと……」

この中で、「日本で穫れた」という部分を強調したい場合は、声を大きめにしたり、ゆっくり話したりします。この例で、もう一度「日本でも、こんなにおいしいコーヒー豆が……」と言っているように、「繰り返し」も強調になります。

伝えたい気持ちがあると自然とこのような話し方になると思いますが、単調になってしまいがちな人は気を付けてみてください。

もう一つ、ハイレベルな強調の仕方に「あえて噛む」というものがあります。「噛む」とは、言葉に詰まったり言い間違えたりすることです。アナウンサーは、たとえば「初出場」を「はちゅしゅつじょう」と言ってしまったりすると「噛んだ」と指摘されます。一般的には、言いにくい言葉も噛まずに言えたほうがいいように思いますよね。

でも、大先輩である久米宏さんは、強調したいときには「あえて噛む」とおっしゃっていました。一度噛んで、言い直すことによってその言葉が注目され、印象に残りやすくなるのです。

普通に繰り返す強調は、押しつけられている感じがあるかもしれません。でも、噛んだから言い直すというのであれば、自然に聞くことができます。

あえて噛むのはなかなか難しいですが、「大事なところで噛んだっていいんだ、そういうときはもう一回言って強調できるチャンスなんだ」と考えてみてはいかがでしようか。

強調のテクニック

□声を大きめにする（強弱をつける）
□ゆっくり話す（緩急をつける）
□間をあける
□繰り返す
□あえて噛んで、言い直す

これで完璧、「ら抜き言葉」

「見られる」が「見れる」、「食べられる」が「食べれる」になるように、本来は入れるべき「ら」を抜いてしまうのを「ら抜き言葉」と呼んでいます。日常会話ではよく使われていますが、文化庁の見解によれば、いまのところ正しい日本語としては認められていません。新聞や書籍などでは基本的に使われていないはずです。アナウンサーも、もちろん、ら抜き言葉は注意されます。それで、私は後輩たちから「ら抜き言葉をなかなか直せないんですが、どうしたらいいでしょうか」と相談されることがあります。

個人的には、正しい日本語を話そうと思うばかりに、相手の目線になることを忘れてしまうくらいだったら、気にせずに話したほうがいいと思っています。「食べれる」と言っても意味は通じるのですから、たいしたことではありません。

そのうえで、後輩たちに伝えている「簡単な見分け方」があるのでご紹介しましょう。

一般的な説明は、「上一段活用と下一段活用の動詞は、『られる』とするのが正しい」というものなのですが、これでは覚えられません。そもそも、上一段活用とは何なのかという説明から必要ですよね。

私は「命令形にしたときに『れ』で終わる言葉は、『ら』を入れなくていい。『れ』で終わらない言葉は『ら』を入れる」と覚えました。

「走れ！」は「れ」で終わっているので、そのまま「走れない」でOK。「食べろ！」は「れ」で終わっていないので、「ら」を入れて「食べられない」とする必要がある。

これなら簡単です。私も「ら抜き言葉」がわからなかったので、いろいろ調べてこの見分け方にたどり着きました。

日常会話ではいいとしても、文章では「ら抜き言葉」が気になる人も多いと思います。どっちだっけと迷ったら、命令形にして確認してみてください。

誰に向けた言葉か？ 意識するだけで届き方が変わる

会議やプレゼンなど、複数人いる場で伝えるとき、「この言葉は誰に向けている言葉なのか」を意識するだけで、届き方は変わります。

その場にいる全員に向けて話しているようでも、「この言葉は企画部長のAさんに向けて話している」という意識があると、やはりAさんに届きやすいのです。ポイントポイントで、ここはAさん、ここはBさんという箇所があれば、それぞれ意識しながら話してみてください。

アナウンサーの新人研修の中に、こういうものがありました。

5mほど離れた先に、同期のメンバー4人が後ろ向きに並んで立っています。その中で、誰か一人に向けて「おーい」と声をかけます。その人に向けてまっすぐ声が届いていれば、一人だけ振り返るはずだというのです。やってみると、最初はうまくいかずに2〜3人が「ん？　私かな？」という感じで振り返ります。誰も振り返らないこともあります。でも、きちんと一人に意識を向けて声を出すと、その人だけが振り返るようになったのです。

その後、あるドッグトレーナーの方を紹介するロケで、番組のディレクターに「犬が来ないように呼んでください」と言われました。他の誰が呼んでも来ない犬が、ドッグトレーナーが呼ぶと走ってくるという映像を撮るためです。

実際、ディレクターやカメラマンが離れたところから犬を呼んでも、いっさい来てくれません。

「ポチ！」

私が呼ぶと、ポチは走ってやって来ました。

「ダメダメ、来ないように呼んでくれないと」

私は、アナウンサー研修で誰も振り向いてくれなかったときの声の出し方を思い出し、やってみました。全体に向けて声を出しているようなイメージです。すると、ポチは来ませんでした。無事に、狙っていた映像を撮ることができたというわけです。

なお、これはかなり昔の話なので、いまはこういうやらせ的なものはないと思いますが……。

話し手が、「全体に向けて話している」という意識だと、声が分散してしまって届きにくくなるのです。

講演会のような場でも、ところどころで「前列で頷いてくれているこの人に」「真ん中のあの人に」「後列で腕を組んでいるあの人に」と意識を向けながら話をします。するとやはり、伝わりやすくなるんですね。あとで「あのとき、私に言ってくれているのかなって思いました」と感想を伝えに来てくれることがあります。

まったく同じ言葉でも、意識の向け方で届き方が変わるのです。

① まず、あくびをするときをイメージしてください。あくびは、喉が開いた状態で出ます。そのまま、口を閉じます。

② 口を閉じたまま「んー」と声を出します。低い声から高い声まで出してみます。もっとも唇が震えてかゆい感じがしたときが「響く高さ」です。

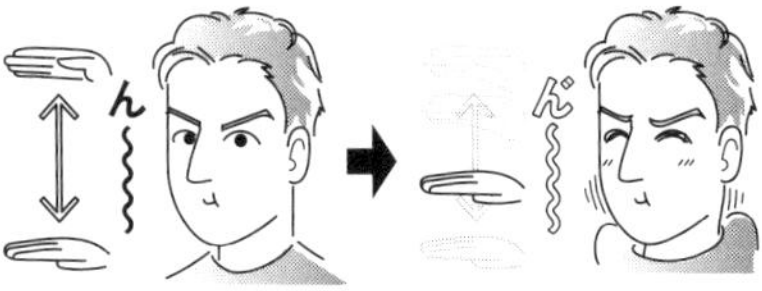

③ もっとも唇がかゆくなる高さの音で、口を開きます。そのまま声を出してみてください。これが、自分らしく響く声です。

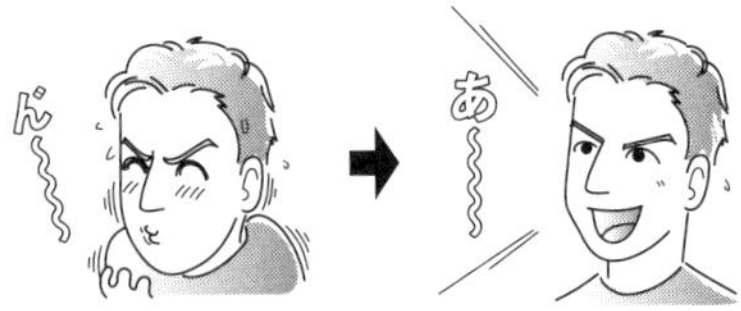

自分らしく響く声の見つけ方

大きめに声を出しているつもりでも、声が通らず、聞き返されてしまうという悩みをもつ人もいると思います。声に自信がないと伝わりにくい気がしてしまいますよね。

自分らしく響く声の見つけ方があるので、ぜひやってみてください（上図参照）。

やってみると、自分で思っていた高さよりも低い（あるいは高い）声が響くのだなという発見があると思います。その高さで、喉《のど》が開いた状態で声を出す練習をすると、よく通るようになるはずです。

これはアナウンサーの研修で教えてもらったもので、声を聞き手に向けて前に飛ばすやり方です（歌を響かせる発声法はまた別のやり方があるようです）。

自分らしく響く声を見つけ、相手に向けて飛ばすイメージをもって話すと、よく通る聞きやすい声になると思います。

テキストコミュニケーションでの伝える工夫

いまやＬＩＮＥやチャットなど、インターネットを介したコミュニケーションツールは仕事でもプライベートでも欠かせないものになっています。私も仕事でＬＩＮＥグループを使ってやりとりをすることが多くあります。メールよりも気軽に書くことができますし、外出先でもすぐに確認ができてリアルタイム性が高いのでスピーディーに情報共有ができますよね。

文字で伝える場合も、基本的な姿勢はこれまでお話ししてきたことと同じです。相

LINEグループでのメッセージサンプル

【明日の対談撮影について】
@ ALL
明日はどうぞよろしくお願いします。
＞＞○月○日　会議室Ａ　10:00 ～ 12:00（9:30に集合）
話すテーマとしては以下の３つを考えています。
① ○／○に行われた会見について
② ヨーロッパ見聞録
③ 100年後を見据えた取り組み

@田中さん
会見時の写真を数枚用意しておいていただけると助かります！

手の目線に立って、わかりやすく伝えることが大事です。

長い文章が続くと、読み手はどこがポイントなのかわからず、読むのが負担になります。タイトルを付けて、ぱっと見て何の話なのかをわかるようにしたり、ポイントは箇条書きで読みやすくするなどの工夫が必要でしょう。

メールでは多くの人がやっていると思いますが、ＬＩＮＥのようなＳＮＳツールでも同じようにできます。

ＬＩＮＥやチャットはとても便利ですが、文字だけの情報なので冷たい印象になりがちです。わかりやすく明確に伝えるだけだと「怒っているのかな？」と感じたり、上から目線のように感じたりする人もいます。常に相手への気遣いを忘れないようにしたいものです。私はＬＩＮＥの絵文字（よく使うのは、にっこり顔、お辞儀をしている人の2種類）も使いますが、ビジネスではふさわしくない場合もあるでしょう。

「返信ありがとうございます」といった感謝の言葉、「遅くなってすみません」といった気遣いの言葉が入っているだけでやわらかい印象になります。「お世話になっております」「おつかれさまです」などの定型の挨拶は省いて、いきなり本題に入れるのがＬＩＮＥやチャットのいいところですが、感謝と気遣いの言葉は積極的に入れていきましょう。

特別対談

Special Talk

豊田章男 × 富川悠太

現場から離れたところで細かいシナリオをつくっても意味がない

富川　章男さんはワールドプレミアのようなプレゼンテーションの場から、株主総会、記者会見、社員に向けたメッセージなど本当にさまざまな場面で伝える機会があり、いつも注目されています。章男さんの伝え方を近くで見ていると、伝える場によって微妙に違いがあるなと思うんです。

豊田　相手と場に合わせているからね。

富川　聴衆が何千人といる中でも、章男さんの言葉を聞いている人は「自分に言われている感覚」になるんです。これをあえてプロの目線で分析するなら、ジェスチャー、表情、目線、間のとり方といった技術がすごいんですよ。

豊田　プロから見るとそうなんだね。でも、技術よりは「伝えたい気持ち」なんだろうと思う。ワザはあとからついてくるから。

富川　ワザは自然に身についたのでしょうか？

豊田　10年ほど前、シンガー・ソングライターの広瀬香美《こうみ》さんに歌を習ったことがあるんだよ。とあるパーティーで歌を頼まれたんだけど、人前で歌うなんて子どもの頃以来じゃない？　レッスンにでも行くかと思ったわけ。

富川　それは初耳です。

豊田　広瀬さんは、「30分であなたを歌えるようにするなんて無理」って言うんだよね。それで、ともかく発声の仕方と身振りを教えてくれました。声は喉から出そうとすると苦しそうに聞こえるから、頭から出すイメージで発声しなさいと。ジェスチャーが忙《せわ》しすぎるから、両手を上げたらそのまま上げておくようにっていうアドバイスをくれたんです。それ以来、スピーチをするときの型ができました。ぼくは両手を広げて上げたまま歩くでしょう？

富川　両手を広げた姿はよく報道写真にも使われていますよね。とても印象的です。章男さんのように身体を大きく使って伝える日本の経営者はあまり見たことがなかったのですが、歌の表現から得ていたと知って、なるほどと思いました。

豊田　ちなみに広瀬さんは冬の歌で有名だけど、曲をつくっているのは夏だからね。

富川　面白いですね（笑）。

豊田　本人がそう言っていたから（笑）。でも、そういうことだと思うよ。どんな舞台なのかが大事。どういう趣旨の場なのか、誰が来るのか、時間はどのくらいなのか。それをイメージしてつくるということだよね。

富川　章男さんも、伝える現場をイメージしているわけですね。

豊田　そう。それで、何を伝えるべきなのかをしっかり頭にセットしておく。現場から離れたところで細かいシナリオをつくってもうまくいくはずないから、それはやりません。記者会見のリハーサルもしません。

追い詰められたときに、初めて自分の言葉が出てくる

富川　記者会見で、会長として話すべきことというのはありますから、原稿はつくっているのですよね。でも、章男さんは自分の言葉で話されている感じがします。

豊田　ぼくは自分の言葉でしか話さないから。もちろん、ぼくの周りのプロがきちんとした原稿をつくってくれるけど、元になっているのは完全にぼくの言葉です。言おうと思ったことはノートにメモ書きしていて、これを文章として整えてもらっています。

富川　「伝える準備」という意味では、言いたいと思ったことを普段からメモしてお

くことが大事ですね。

豊田　その通り。ぼくの「伝える力」の転機になったのは公聴会※だと思うんだけど、朝の7時から夜の12時まで、アメリカの弁護士の前で模擬公聴会をやるんだよ。でも、ぼくは摸擬公聴会には午前中しか参加しなかった。責任をとるつもりで行っていて、これで社長も終わりだろうとも思っていた。とにかく平常心が大事だと思ったので、一日一回は笑うことを心がけていました。それでも頭の中で公聴会のシミュレーションを繰り返していると、夜、夢に出てくるんだよ。それで公聴会での質問に、すごくいいことを喋っているのを夢に見て、目が覚めたときにそれを書き留めたんです。

富川　なるほど。用意された答えではなく、追い込まれた状態で出てきた言葉を書き留めていったんですね。伝えるべきことは何なのか、とことん向き合って出てくる言葉。だから章男さんの言葉には力があるのですね。

豊田　社長になったばかりの頃は「この原稿の通りに喋ってください」と言われたこともあったけど、それは断りました。絶対にやらない。

※２０１０年アメリカで大規模なリコール問題が起き、社長に就任したばかりの章男さんは米議会の公聴会に出席し、謝罪と説明を行った。

「脳内現場」をつくり、その場所をイメージして伝える

富川　報道番組でキャスターをしていたとき、ニュース原稿を渡されるのですが、やはりその場で重要な部分をとらえつつ、自分の言葉にして喋っていました。

私はフィールドリポーターとして現場を伝えることをずっとやってきて、キャスターとしてスタジオから伝える立場になったとたんに「うまく伝えられない」という悩みが生まれました。

豊田　現場を見ていないのに、原稿を読むだけで伝えるなんてできないよね。

富川　そうなんです。それを解決したのが、私の場合は「脳内現場」でした。現場の情報を頭にインプットして、実際に現場に行っているところをイメージしてから伝えるという方法です。

豊田　富川さんは現場の人というイメージです。やはり現場を見て、リアルを伝えることこそが報道だと思いますよ。でも、最近の報道番組はバラエティ番組のようになっているんじゃない？

富川　確かにそんな番組もありますよね。不安をあおったり、衝撃的な映像で視聴率をとる、というような……。

豊田　きちんと取材して伝える人が減る一方で、現場を知らずに無責任なコメントをする人が増え、世の中をミスリードしないか心配になります。本当にこのままでいいのかな？

富川　テレビ関係者もこのままではまずいと思っているんです。ネットメディアが増えていく中で、テレビ自体の存続に危機感をもっています。

いまは報道番組にも「ネット取材班」があるんですよ。実際、ＳＮＳや個人メディアを情報源の一つとすることにはメリットもあり、スピードが速かったり、広く情報が取れたりするんです。ただ、ネット上の情報は真実性を担保するものが少なく、偏りのある意見も多く見られます。メリットはうまく活かしながら、テレビの本分を尽くしていくべきなのでしょうが、テレビ関係者もネット上の意見を意識しすぎているという感じで……。取材のための予算もどんどん減っていると聞きますし。

豊田　予算は減っても、やり方を変えるなりして取材は続けるべきでしょう。報道やメディアの本質からぶれないでほしいと思いますね。

富川　私も本当にそう思います。

「あなたを見ていますよ」という激励

豊田　富川さんは現場の人だなと思って見ていたんだけど、キャスターになってから、ときどき謝罪していたよね。ぼくはそれがちょっと疑問だった。ぼくは責任者だから謝罪するのは当然だけど、どうしてキャスターが謝罪するの？　率直にそう思いました。

富川　見ていてくださったんですね。

豊田　全部見ますとも。社長になってからのルーティンは、まず各社の新聞をチェックすることでした。記者がこちらに取材に

来たとき、「あの記事はよく取材できていたね」とか「どうしてそう思ったの？」なんて言ってコミュニケーションすると、記者は喜びますよ。見てくれているんだ！って。

富川　それは嬉しいですよ！　それも章男さんの人心掌握術なんでしょうか。

私が新型コロナウイルスに感染してキャスターをしばらく休み、復帰したとき、楽屋に章男さんからお花とプレゼントが届いていたのでびっくりしました。「待っていたよ」というあたたかいメッセージがお花に添えてあって……。見た瞬間に感動しました。しかも、プレゼントはトミカの「コロナ」！　こちらは当時の「トヨタイムズ」放送部の方たちからということでした。コロナに感染していた富川、通称トミーに、タカラトミーの「コロナ」ですよ。なんてあたたかくて面白いんだろうと思って、心をつかまれてしまったんですよね。

豊田　ああ、そんなことがあったね。

富川　当時は一キャスターであって、まさかその後こうして一緒にお仕事をさせていただくようになるとは思っていませんでした。

豊田　富川さんに限らず、傷ついている人のことは放っておけないんですよ。ぼくも幼少の頃からずいぶん傷つく経験をしてきて、気持ちがわかっちゃうからね。だから、こっそり激励したいというのはある。

富川　章男さんの激励が、多くの人の力になっていると思います。「自分のことを見ていてくれた」「私のために、こんな声をかけてくれた」って感激するんです。

「かげぼめ」で人は成長する

豊田　現場を歩いて直接激励の声をかけるようにしているのだけど、その際「こっそり」というのも重要で、ぼくは陰で褒める「かげぼめ」を流儀にしていますよ。

富川　「かげぼめ」っていいですね！　直接ではなく、人を介して伝える伝え方というのもありますね。「○○さんがこういうふうに褒めていたよ」と言われると、嬉しさ倍増です。自分の居ないところで話題にしてくれているのも嬉しいですし、本当にそう思ってくれているのだなという感じがします。まして章男さんが「かげぼめ」してくれているなんて、モチベーションが上がらないわけがありません。

豊田　直接言うより伝わる場合があるんだよね。ぼくはウラオモテがないようにして

いるけど、「ウラで褒める」っていうのはよくやっているな。

報告・提案も「伝えたい気持ち」が大事

富川　従業員からの報告や提案を日々見ている中で、伝わりやすいものとそうでないものはありますか？

豊田　ぼくのところにたくさんの報告が来ていると思っている人が多いかもしれないけど、そうでもないんだよね。もちろん、決裁すべきものはたくさんあるよ。判断しなければならない書類は山ほどある。決断にあたっては、自分自身のセンサーを大切にしています。たとえ書類に書かれていることが論理的に正しかったとしても、世の中の受け止め方とか消費者の感覚とか、自分のセンサーにかけてみて、「これはズレているんじゃないか？」と思ったらGOを出さない。だから報告・提案するほうは大変だと思う。A案・B案・C案と出したのに、F案と言われるんだから。

富川　それで新型プリウスも新型クラウンも生まれたんですよね。簡単には通らないわけですから開発陣にとっては大変でしょうが、そうやって議論をして「いいクルマづくり」ができているのは本当に素晴らしいことです。

そう考えると、やはりもっとも大事なのは「伝えたい気持ち」ですね。起承転結などスマートに伝えるための手法はあると思うんですが、それだけでは章男さんの砦《とりで》を越えられません。「いいクルマとはこれなんです」と暑苦しいくらいの想いがあって、それをぶつけるからこそ伝わり、成果につながっていくのですね。

豊田　そうだね。そこにたどり着くには、富川さんが言っているように、情熱をもって向き合うことが必要だと思うよ。開発陣はそうやってぶつけてきてくれたから嬉しかったね。実際に世間をあっと言わせるクルマができたわけだから。

聞く人の頭に映像が思い浮かぶように話す

豊田　公聴会の経験のほかに、短い言葉で的確に伝えるトレーニングになったのはラジオです。２０１８年8月から「DJ MORIZO HANDLE THE MIC」というラジオのレギュラー番組を1年ほどやらせてもらって、勉強になりました。

富川　ラジオは、テレビとはずいぶん違いますよね。テレビは映像で伝えることができて情報量も多いですが、ラジオは言葉と音だけで伝えなければなりません。いま「トヨタイムズ」でも章男さんと一緒に「声だけのトヨタイムズ」としてラジオ風コンテンツを配信していて、難しいなと思っています。

豊田　テレビの場合は、無駄なものを省いて伝えるんでしょう？

富川　はい。映像で見てわかるものをわざわざ言葉にしたりせず、できるだけそぎ落とします。

豊田　ラジオでは、聴く人の頭の中に映像が思い浮かぶように、言葉で伝えることが必要だよね。もちろん時間は決まっているから、短い時間の中でどうやってわかりやすく伝えるかを考えなきゃいけない。あれはいいトレーニングになったと思います。記者会見で、短く的確な言葉で伝えようとするのに活かされているんじゃないかな。

海外でのプレゼンで、スタンディングオベーションが起こるわけ

富川　プレゼンの場合は、「短く的確に」というのとはまた少し違った観点が出てくると思いますが、何か意識されていることはありますか？

豊田　プレゼンは「ショー」だよね。

富川　章男さんのプレゼンは、自然にスタンディングオベーションが起きますからね。他のCEOではなかなかないですよ。アメリカのバブソン大学創立100周年（2019年）の卒業式で、章男さんがされたスピーチ※は、高校の英語の教科書にも載っているそうですね。メッセージ性があってわかりやすくて面白く、バブソン大学の学生さんたちもスタンディングオベーションでした。

　海外での伝え方は、日本とはまた違うのでしょうか？

豊田　アメリカでのプレゼンは必ずユーモアを入れています。それから、そのときに

アメリカで流行《はや》っているものを入れる。バブソン大学でのスピーチでいうと、「(就職活動の話より)もっと重要な話をしましょう。それはたとえば、この記念すべき瞬間をどうやって祝うか。……つまり、今夜のパーティーでどれだけハジけるかです。そしてもっと重要なのが……、私もパーティーに参加できますか?」。ここで拍手と笑いが起きる。さらに、「ただし、夜更かしはできません。なぜなら、明日は『ゲーム・オブ・スローンズ』の最終回だからです」。

富川　そこでまた爆笑。つかみの段階から何度も笑いが起きていますよね。

豊田　それから、アメリカではアメリカ製の服を着てプレゼンをします。ぼくはどう見ても日本人だし、英語もうまくないけど、「チャーミング」と言われるんですよ。かわいいやつじゃないか、と思われるんだね。

タイでならタイのものを身につけるとか、「あなたの国が好きですよ」というのを表現しています。

※トヨタイムズ　豊田章男　米国バブソン大学卒業式スピーチ「さあ、自分だけのドーナツを見つけよう」https://toyotatimes.jp/spotlights/023.html

カッコつけるよりも「わかってほしい！」という思い

富川　章男さんはいつも聞き手をよく見て、最高の間のとり方をされていますよね。その場の空気をつかんでいる感じがします。

豊田　常に反応をよく見ながら話しています。これまでたくさん経験してきたから、ウェルカムな雰囲気で行うプレゼンは余裕があるんですよ。仲がいい人と1対1の会話をしているのが、1対1万になっただけという感じで。

富川　だから聞く人は、1対1で話しているような気持ちになるのですね。経験を積んできたから視野が広くなり、余裕が出るというのは車の運転と同じかもしれません。スピードを出すほど視野が狭くなっていくものですが、プロドライバーはスピードを出しても視野が広いですから。

豊田　うん。同じかもしれない。

富川　経験のない人がプレゼンにのぞむ場合は、どうしたらいいと思われますか？

豊田　カッコつけないことだね。賢く見せたいかもしれないけど、やめたほうがいい

よ。それよりも「わかってほしい!」という思いでのぞむ。これがぼくからのアドバイスです。

その場にいる人と空気を共有する

富川　つい先日も記者会見があったばかりですが、会見では想定外の質問も飛び出しますよね。中にはちょっと意地の悪い質問といいますか、外から見ていてもイヤだなと思う質問もあります。それでも章男さんはイヤな顔をすることなく、すごくいい回答をされていますね。

豊田　ひどい質問もありますよ。でも、そんなときは聞いてくれている人たちが共感してくれるような回答をしようと心がけています。

記者会見もそうだけど、株主総会では5000名ほどの人に向けて話をするわけで、中にはイヤだなと思う質問も当然あります。そういう場面では、「1対1に入らない」のがポイントです。質問をした人だけに答えようとするのではなく、その場にいる皆さんに話をします。すると、その場にいる人たちもイヤな気持ちにならず、味方になってくれます。これはぼくが苦しみながら身につけたテクニックの一つだと思う。

富川　章男さんが大勢に向けて話しているときは、一人ひとりに向けて話しているような感じがするのに、1対1のやりとりを逆に大勢に向けて話しているようにするって面白いですね。

豊田　もちろん、いいやりとりならその人に向かって話すけどね。

本当に信頼できるメディアを目指す

富川　章男さんが「トヨタイムズ」を始めたのには、マスメディアでリアルを伝えるのは難しいという思いがあったんですよね。

豊田　ぼくの場合は「創業ファミリーだから苦労知らずに違いない」などと言われて、先入観に苦しめられてきました。だからこそ、「ありのままの自分」「素の自分」を見てほしいという想いが強くなっていったんだよね。実際に会って話せばわかってもらえるけど、先入観で一方的につくられたイメージでひどいことをずいぶん言われてきました。だから、自分たちでメディアをつくって、リアルな姿を発信していくしかないと思ったわけです。

富川　自社メディアで、ありのままのリアルな現場を見せ、伝えていく。

豊田　本当にいいメディアに育てるためにプロが必要だったから、富川さんにお願いしました。やっぱりプロだよね。「トヨタイムズ」でのぼくと富川さんの会話があまりにスムーズだから、「シナリオがあるんでしょ?」と言われることがあるけど、まったくない。

富川　打ち合わせもしていません(笑)。

豊田　打ち合わせしなくても、考えていることが通じているから助かるよ。質の高い配信をしてくれているけど、たまに「ちょっとテレビっぽくない?　演出しすぎじゃない？」って思ったら指摘してる。

富川　はい。指摘を受けてだいぶよくなってきたと思います。

豊田　本当にリアルな姿を見せたくてやっているんだよね。「トヨタイムズ」というオウンドメディアがあるから、世の中にお伝えしたいことはすぐに発信できます。オリンピックで「ｅパレット」（自動運転車）の事故が起こったとき※も、「トヨタイムズ」で瞬時に説明ができました。

富川　社長交代のニュースも、2023年1月26日の「トヨタイムズ」で緊急生放送のかたちでお届けしました。13年間社長を務められた章男さんが会長になり、新社長に佐藤恒治《こうじ》さんが就任することをステークホルダーの皆さまにいち早くご説明する場でした。

豊田　自社メディアですばやく正確に伝えられるというのは大きな強みです。トヨタのような大企業は、自社メディアがないとだめだと思うんです。「トヨタイムズ」を信頼性のある本格的なメディアとして育てていくのもぼくの役割かなと思っています。

富川　現場を大切にし、リアルを伝えるというのはまさに私がやってきたことで、これからもやりたいと思っています。

豊田　そうだよね。世の中にはいろいろな情報があって、何を信じていいのかわからなくなるときがあると思う。でも、「トヨタイムズ」で伝えているから信頼できるよねって思ってもらえるメディアにしたい。もちろん、「トヨタイムズ」で伝えていることこそが真実だと言うつもりはないけど、少なくとも我々が考えていること、やっていることはそのまま伝えています。あとはそれを見た人に判断してもらえたらと思います。

富川　最終的にどう受け止めるかは、視聴者一人ひとりにゆだねるしかありませんから。これからも誠実にやっていきます。

今日は本当にどうもありがとうございました。

※2021年に開催された、東京2020オリンピック・パラリンピックの選手村内で、視覚障がいのある柔道の北薗新光（あらみつ）選手が交差点を渡ろうとした際に自動運転の電気自動車「ｅパレット」と接触し、負傷した事故。「ｅパレット」が横断歩道でいったん停止したあと、オペレーターが手動操作で発進した直後に接触したとみられる。車内からは歩行者が死角になっていたと説明し、目が見えないことや耳が聞こえないことに対しての想像力を働かせられなかったことを詫びた。

おわりに

いつの頃からか、「伝え方について教えてほしい」というお声をいただくようになりました。

アナウンサーの後輩に相談をされることはよくありましたが、面識のない若手アナウンサーたちがカメラマンなど番組制作スタッフに「これまでで、とくに伝える力のあった人は誰ですか」と聞いたら「それは富川悠太だよ」と教えてもらったという話を伝え聞き、恐縮しつつありがたく思いました。

この本も、「伝え方について教えてください」と編集者さんからお声がけいただき、制作を決めたものです。

自分の伝え方を言語化して伝えるというのは、一つのチャレンジでした。少しでもお役に立てていればいいなと願うばかりです。

伝える力のなかった私が、比較的早く評価されるようになったとすれば、「師匠がいたこと」と「失敗をおそれなかったこと」がよかったのだと思います。

まず、「師匠がいたこと」。

私に伝え方を教えてくれた方はたくさんいます。その中でもとくに師匠と呼ばせてほしいのは古舘伊知郎さんと小宮悦子さんです。

小宮悦子さんは、まだ経験が浅く未熟な私に厳しくあたたかく、「伝えるすべてに責任をもて」と指導してくださいました。構成や編集、ナレーション、カメラワークなどトータルで伝える大切さをたたき込んでもらったと思っています。具体的なアドバイスのおかげで、成長することができました。

古舘伊知郎さんは、私のことを認め、よさを引き出そうとする声かけを常にしてくださいました。私は古舘さんのような、流れるように言葉を紡ぎ出し、言葉遊びも入れて印象に残す天才的な話術はとうていマネできません。でも、「トミーにはトミーらしい伝え方がある、トミーにしかできない伝え方がある」と言ってくださって、私は自分の伝え方を追求することができました。

読者の皆さんも、「あの人の伝える力はすごい」と思う人がいたら、ぜひ師匠になってもらってください。身近な人であれば相談し、アドバイスをもらうのです。それが難しければ勝手に心の中で師匠と思って、「あの人ならどういう伝え方をするだろう？」と考えてみてください。きっとヒントが見つかるでしょう。

それから、「失敗をおそれなかったこと」についてです。

失敗が怖くないわけではありませんが、それ以上に「伝えたい」という思いを大切にして、チャレンジを続けました。師匠にアドバイスをもらったり、こう伝えればいいのではないかと思ってやってみても、うまくいかないことはあります。失敗して批判やお叱りの言葉をいただくこともあります。本書でもいくつかお話ししましたが、失敗談には事欠きません。

新しいやり方ほど、「やってみてダメだったら？」と怖いものです。それでも、「とにかくやってみよう」とチャレンジし、試行錯誤を繰り返すほどに力がつき、「自分らしい伝え方」ができてくるのだと思います。

本書でお話しした「伝え方」も、私からの一つのアドバイスです。もし一つでも二つでも「やってみよう」と思うことが見つかったなら、失敗をおそれずにチャレンジしてほしいと思っています。心から応援しています。

最後に、本書を制作するにあたって多くの方にご協力をいただきました。とくに、書籍出版の後押しをしてくれただけでなく、対談まで快く引き受けてくださったトヨタ自動車会長の豊田章男さん、内容の相談に乗ってくださった藤井英樹さんには感謝の意を述べさせてください。どうもありがとうございました。これからもお世話になりますが、どうぞよろしくお願いいたします。

また、敬愛する古舘伊知郎さんはじめ、私に伝え方を指導してくださった先輩方のおかげでいまの私があります。伝える力のなかった私を23年間育ててくれたテレビ朝日と、18年もの間使い続けてくれた『報道ステーション』にも心から感謝しています。

無茶もしがちだった私と一緒に現場を走り回ってくれたディレクター、カメラマン、音声さんなど、すべての仲間たち。助けてくれてどうもありがとうございました。いまも当時のことがありありと思い出され、いくらでもエピソードが語れるくらいです。

現場で取材に応じてくださり、家族のように接してくださった皆さまにも、あらためて感謝をお伝えします。全国に家族がいるのが私の自慢です。本当にありがとうございます。

それから、いつも飛び回っている私を支えてくれている妻と息子たち、どうもありがとう。

謝辞が長くなってしまいました。これで最後にします。

本書を手に取ってくださったあなたにも、どうもありがとうございます。いつかどこかでお会いできることを楽しみにしています。

富川悠太

2024年7月

〈著者略歴〉

富川悠太（とみかわ・ゆうた）

トヨタ自動車のオウンドメディア「トヨタイムズニュース」キャスター。「トヨタイムズ」では、外部への発信のみならず、約38万人の社員（連結子会社含む）に、豊田章男会長の思いを伝えることを目的としている。

1976年、愛知県名古屋市生まれ。東京都立国立高等学校、横浜国立大学教育学部小学校教員養成課程体育専攻を卒業。1999年４月、テレビ朝日に入社。2014年12月には、同年８月に筋萎縮性側索硬化症（ALS）で亡くなったいとこの富川睦美さんを取り上げた『笑顔の約束〜難病ALSを生きる〜』に出演。同番組は2015年11月に日本民間放送連盟のテレビ教養番組部門で優秀賞を受賞。2016年４月11日に古舘伊知郎氏の後任として『報道ステーション』のメインキャスターに就任。2022年３月末、テレビ朝日を退社。同年４月１日、トヨタ自動車に入社。同年12月、「トヨタイムズニュース」キャスター就任。プロデューサーも務め、「先人たちの想い」や「モータースポーツを起点としたもっといいクルマづくり」、「マルチパスウェイで目指す脱炭素社会」など、トヨタの「過去・現在・未来」を伝えている。

トヨタイムズ（toyotatimes.jp）

構成・編集協力：小川晶子

装丁：一瀬錠二（Art of NOISE）
カバー写真撮影：永井 浩
ヘアメイク：荻原恵美（KAUNALOA）
スタイリスト：style55
帯写真撮影：長谷川智哉
本文イラスト：G-RAM.INC／齋藤 稔

報道、トヨタで学んだ伝えるために大切なこと

2024年9月5日　第1版第1刷発行

著　者　富川悠太
発行者　永田貴之
発行所　株式会社ＰＨＰ研究所

東京本部　〒135-8137　江東区豊洲5-6-52
ビジネス・教養出版部　☎03-3520-9615（編集）
普及部　☎03-3520-9630（販売）
京都本部　〒601-8411　京都市南区西九条北ノ内町11

PHP INTERFACE　https://www.php.co.jp/

制作協力
組　版　株式会社PHPエディターズ・グループ

印刷所
製本所　TOPPANクロレ株式会社

ISBN978-4-569-85758-9

PHPの本

藤井聡太は、こう考える

杉本昌隆 著

集中力、決断力、構想力、読む力……天才はいかにして考え、神の一手を導き出しているのかを、藤井聡太の師匠が明らかにする一冊。